区块链通识课
50讲

王峰　邓鹏　沈冲○编著

BLOCKCHAIN

U0361605

清华大学出版社
北京

内 容 简 介

本书从比特币引出区块链，以 50 个问题为切入点进行阐述，共 6 章：第 1 章，比特币的来世今生；第 2 章，区块链到底是什么；第 3 章，你真的了解 Facebook 的 Diem 吗；第 4 章，为什么区块链首先是一场金融革命；第 5 章，区块链会如何改变各行各业；第 6 章，区块链和我有什么关系。

全书结合新闻、趣事和身边可见可感知的对象，通俗易懂地介绍区块链技术和原理，兼具趣味性和故事性，适合作为大众科普区块链知识的入门图书。

图书在版编目（CIP）数据

区块链通识课50讲 / 王峰，邓鹏，沈冲编著. —北京：清华大学出版社，2021.1
（2022.9 重印）
ISBN 978-7-302-57222-0

Ⅰ．①区… Ⅱ．①王… ②邓… ③沈… Ⅲ．①区块链技术 Ⅳ．①F713.361.3

中国版本图书馆CIP数据核字（2020）第260214号

责任编辑： 杜春杰
封面设计： 刘　超
版式设计： 文森时代
责任校对： 马军令
责任印制： 曹婉颖

出版发行： 清华大学出版社
　　　　　网　　址：http://www.tup.com.cn，http://www.wqbook.com
　　　　　地　　址：北京清华大学学研大厦 A 座　　邮　　编：100084
　　　　　社 总 机：010-83470000　　　　　邮　　购：010-62786544
　　　　　投稿与读者服务：010-62776969，c-service@tup.tsinghua.edu.cn
　　　　　质量反馈：010-62772015，zhiliang@tup.tsinghua.edu.cn
印 装 者： 三河市龙大印装有限公司
经　　销： 全国新华书店
开　　本： 165mm×235mm　　**印　　张：** 13　　**字　　数：** 225 千字
版　　次： 2021 年 2 月第 1 版　　**印　　次：** 2022 年 9 月第 3 次印刷
定　　价： 49.00 元

产品编号：088307-02

区块链很难懂，但理解区块链的意义却很简单

虽然2017年就有许多人建议我看看区块链，但当时我本人对人工智能和虚拟现实技术发展的兴趣远远大于区块链，尤其是人工智能在计算机视觉和计算机听觉领域的进展令我兴奋。从应用的角度看，我觉得彼时的区块链仅仅停留在概念上，而忽略了区块链技术在金融领域的巨大颠覆，低估了比特币。

如今，还有很多人如同当年的我一样，对区块链懵懂甚至无感，身边也不时会有朋友问起：区块链到底是什么？区块链能做点什么？区块链和我有什么关系？

区块链作为分布式数据存储、点对点传输、共识机制、加密算法等技术的集成，是密码学、计算机科学、经济学等多学科的交叉融合。如果给一个"小白"这样解释区块链，估计他一定会更云里雾里，区块链似乎还真不是一个投资人或程序员几句话就能简单解释清楚的。

很多人可能听说过比特币，但对区块链还知之甚少。其实，关于区块链的定义，仁者见仁，智者见智。但是，无论是狭义谈比特币的点对点分布式账本体系，还是广义谈区块链的共识机制、智能合约等，区块链技术能够有效解决信任问题、重构信任机制的特征，已经得到了业界广泛认可。

2015年10月31日，英国《经济学人》周刊以"The Trust Machine"作为封面主题，认为区块链的影响力远不止于加密数字货币，它让彼此之间没有建立信任关系的人们达成合作，而无须通过中立的中央权威机构，区块链是建立信任的机器。

如果说蒸汽机释放了人们的生产力，电力解决了人们的基本生活需求，互联网彻底改变了信息传递的方式，那么区块链作为构造信任的机器，可能会彻底改变整个人类社会价值传递的方式，推动信息互联网进入价值互联网时代。

比特币和区块链越来越多地进入我们的现实世界，它们在一步一步地改变着我们原有的很多不可动摇的观念。有的人不信，不屑；有的人观望，踌躇；更有很多人在通过努力，见证和践行区块链时代的到来。

在2018年创立火星财经之初，我就带着一个巨大的使命感：让更多的普通人走近区块链，了解区块链，进而能有机会参与区块链，创新区块链。希望火星财经能够连接人与人对区块链的认知，帮助更多对区块链好奇、计划学习甚至加入这个行业的人获得更多的区块链知识。

大家千万不要觉得自己对互联网有充分的认知，在计算机、基础数学、应用数学等专业领域有多牛，如果不换脑筋、不调整过去的认知，那么一定会被区块链这个新时代甩掉。思考停滞不前，固化自己的思维，刻舟求剑，才是最大的风险。

*Made to Stick*一书中曾提到过一个概念："知识的诅咒（The Curse of Knowledge）"，简单地讲，就是我们一旦知道了某件事，就无法想象这件事在未知者眼中的样子。

可能是受到"知识的诅咒"效应影响，在知识教育领域，常常会出现类似的问题，如某些专家或业内人士对某件事情或某个知识了解得越多，把它教授或分享给其他人的难度就越大。

如今有不少区块链业内同行都在积极扮演区块链布道者的角色，市面上也有不少区块链的科普读物，客观地说，大部分都做得很专业，但能克服"知识的诅咒"，用圈外人或者"小白"都能听懂、能理解的思路和语言解释清楚区块链的核心要义者，其实凤毛麟角。

而火星财经团队创作《区块链通识课50讲》的初衷，就是希望能够填补区块链知识市场的这个空白，帮助读者在学习、了解区块链的路上走得更轻松、更从容。

在大江大河的区块链世界，纵使你是一条小溪，只要愿意流淌，只要愿意融入，就有机会在区块链领域做出价值。这个价值是不是最大我不确定，但是不参与可能就没有价值。

区块链的未来已来。

火星区块链及共识实验室发起人

王 峰

目 录

179

第 6 章

区块链和我有什么关系

199

参考文献

|第 1 章| 比特币的来世今生

第 1 讲 比特币和腾讯的 Q 币一样吗?

很多人并不是第一次听到比特币,但却不能清晰地说出它的概念,所以这里选择一个参照物——腾讯的Q币,通过对比的方式,来帮助大家了解和认识比特币。那么,比特币和腾讯的Q币一样吗?

大家对QQ这个聊天软件再熟悉不过了。Q币,也叫QQ币,按照腾讯的官方介绍,Q币是"用于计算机用户使用腾讯网站各种增值服务的种类、数量或时间等的一种统计代码。Q币可以用来购买腾讯所有包月服务、游戏道具及点券(见图1-1)"。

根据唯物主义辩证法,在认识事物的时候,我们既要看到事物相互区别的一面,又要看到事物相互联系的一面。对于比特币和腾讯的Q币来说,两者既有相似之处,也有不同的地方。

那么,比特币和Q币有什么相似之处呢?

首先,两者都可以称为虚拟币。因为它们不是现实存在的事物,只限于互联网上的应用而产生,所以它们最大的共同点就是"虚拟",既看不到,也摸不着。

其次,比特币和Q币都有公开的价格。如今,你可以花1元人民币去购买一枚Q币;而按照2020年1月6日的行情,要5万元人民币才能换得一枚比特币。二者虽然价格不同，但都需要花费真金白银才能得到，它们都有公开的市场价格。

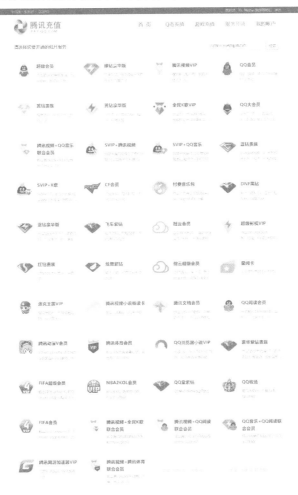

图1-1　部分支持使用Q币充值及兑换的业务①

再次，比特币和Q币都可以兑换商品。现在的Q币可以兑换的商品主要集中在腾讯公司的相关产品上。有人总结过，Q币有五大用途：一是号码服务；二是QQ秀；三是QQ游戏；四是QQ交友；五是QQ贺卡。举个例子，现在QQ上那些妩媚迷人、娇巧可爱、英俊潇洒的形象，都是用户购买Q币后，在QQ秀商城中装点出来的。

而由于比特币被接受的程度越来越高，很多网络公司，包括实体销售商也都

① 摘自腾讯官网资料。

支持用户用比特币购买其产品。在今天的美国，优步、达美乐比萨、星巴克等都开始为用户提供比特币的支付服务，用比特币叫车、买比萨或咖啡，已经成为一股新消费潮流。

说完了比特币和Q币的相似之处，再来看看它们有哪些区别。

在我看来，比特币和Q币最大的区别就是发行方式的不同。

Q币的发行：所有的决定权力属于腾讯公司。Q币的发行数据和相关信息全部由腾讯公司掌握，所有的数据存储只有腾讯公司自己才能查看和分析，其他人没有任何参与和查看数据的权利。也就是说，腾讯公司想发行多少Q币、发行价格多少、Q币可以购买什么产品等，全部由腾讯公司说了算。

一句话总结，腾讯公司就是Q币的中心化的发行机构。

再来看比特币的发行：它没有集中的发行方。那你可能会问了：比特币从哪里来呢？其实是通过完成特定的运算任务，才能获得一定数量的比特币，也就是我们俗称的挖比特币。所以，比特币可以由任何一个人生产。根据比特币的生产规则，它的总量是恒定的2100万枚，现存比特币的数量越多，未来挖出比特币的难度将会越大，到目前为止，比特币已经被挖出了总量的80%，预计到2140年，比特币总量将达到上限2100万枚。而且，比特币所有的来往、交易等数据完全都在区块链的网络中存储，比特币用户可以通过区块链浏览器等查看数据。比特币的数据存储不依赖于任何一台服务器或某个人，完全是自行管理。

一句话概括，比特币是一种去中心化的数字资产，没有发行主体。

发行方式的不同造成了比特币和Q币在价值属性方面也有很大差异。

Q币为什么能值1元钱？它的价值来源于人们对腾讯公司的信任。随着腾讯产品做得越来越出色，Q币能兑换到更多更好的产品和服务，人们对它的信任会越来越强，Q币就可以保值甚至增值。同样道理，如果腾讯业务开始走下坡路，这种信任也会下降，Q币的价值必然缩水。试想一下，如果没有人用QQ了，没有人玩QQ游戏了，你还会花1元钱购买一个Q币吗？

那凭什么一枚比特币值好几万元呢？比特币从诞生时，它的定位就是一种完全通过点对点技术实现的电子现金系统，它使得在线支付能够直接由一方发起并支付给另外一方，中间不需要通过任何金融机构。尽管目前全世界很多国家并没有明确比特币作为货币的属性，但比特币在数字货币市场中的硬通货地位早已被市场所确立。此外，比特币已经可以在全球范围流通，它的价值受到供需影响，由浮动的市场价格决定。当然，比特币并没有任何机构和个人为它背书，未来它的价值要被大众更广泛地认可，还需更长的路要走。

所以，虽然比特币和Q币都是被人为创造的虚拟币，但两者有着根本性的不同。

总结一下：比特币采用去中心化的生产方式，人人可以参与挖矿生产比特币，市场接受程度决定了比特币的价值；而Q币则是以腾讯公司为中心主体推出的产品，由腾讯公司对Q币的价值负责。

最后，留一个思考题：为什么没有人发行、没有人背书的比特币，其价格却比几万亿元市值的腾讯公司发行和背书的Q币高那么多呢？

延伸阅读：

Q币和比特币有哪些不同

Q币和比特币的区别如图1-2所示。

区别	Q币	比特币
发行主体	腾讯公司	无发行主体，由全体矿工通过算力竞争共同发行
信用背书	腾讯公司背书，人们基于对腾讯的信任而认可Q币的价值	没有任何组织或个人为比特币背书，人们基于对比特币背后加密算法的信任及其理念而认可比特币的价值
记账方式	由腾讯公司负责统一记账	全体矿工通过算力竞争，在一轮竞争中胜出的矿工获得记账权，由全体共同验证记账信息的准确性，并同步（备份）完整账本信息
应用场景	Q币只能在腾讯体系内部流通和使用	比特币获得全球的广泛认可，微软、星巴克等全球知名公司都接受比特币付款，比特币具有全球流通的属性

图1-2　Q币和比特币的区别

第2讲　你听说过价值7亿元的比萨吗？

在上一讲里，我们比较了比特币和Q币的相同与不同之处，可能有一点给你留下了深刻印象——一枚比特币的价格达到了5万元人民币。但是，如果我们把时间轴拉长，在10年前，比特币刚刚诞生时面临的却是一个无人问津的场面。

下面给大家分享一个真实的故事：用1万枚比特币购买比萨的来龙去脉。

2010年5月18日中午12点35分，一位网名为拉斯洛（Laszlo）的程序员在比特币论坛（Bitcoin Forum）发了一个求助帖，大致内容是："我喜欢吃比萨，希望能使用1万枚比特币来换取比萨，比萨可以是商店购买的，也可以是你自制的，但是我需要你将比萨送到我的家门口。"

当天下午，在拉斯洛发出请求的6小时后，他才收到一位网友关于询问邮寄比萨地址的回复。然而，在拉斯洛回信后，这个网友却再也没有了回音。

虽然用1万枚比特币换比萨的这个帖子在论坛上陆陆续续地得到了很多网友的围观，但帖子发出去3天了，并没有什么具体的进展，有的只是一些人对于拉斯洛行为的嘲讽。拉斯洛为此回帖："是没有人想给我买比萨吗？我提供的比特币金额是不是太低了？"

在拉斯洛发出这个回帖后不久，一位用户留言称："在美国，使用信用卡进行网上预订是一件十分便捷的事情，如果你饿了，应该考虑用其他方式来购买比萨。"面对"为何使用1万枚比特币来购买比萨"的疑问，拉斯洛回答："我只是觉得，如果我可以用比特币支付比萨，那是一件很有意思的事情。"

在经历4天的等待后，5月22日下午7点17分，拉斯洛发出了一个交易成功的帖子："我只想报告，我成功地用1万枚比特币购买了比萨！"

至此，这项以1万枚比特币来换取比萨的壮举，也最终在经历4天零6小时42分后画上了完满的句号。

按照比特币约10 000美元的单价来计算，当年拉斯洛相当于花费了1亿美元，约合人民币7亿元来购买比萨，而这比萨也因此被称为史上最贵的比萨。

可能你会问，为什么当时没有人愿意接受比特币作为支付手段？我们现在能熟练使用银行转账、微信转账或支付宝转账等，如果用比特币支付，应该也很方便吧？这个问题其实就要讨论到比特币的转账和交易环节，它可能比你想象的要复杂一些。

在日常生活中，我们都有自己的银行账户，转账是在银行账户之间进行的。同样的道理，比特币转账就是把比特币从一个比特币地址转移到另一个比特币地址上的过程。

比特币地址是一串由字母和数字组成的26～34位的字符串，第一次看到它，很多人会以为是乱码。其实，比特币地址就是个人比特币账户，相当于个人的银行卡卡号。在下载支持比特币的数字钱包，或者在数字资产的交易平台注册账号后，都可以获得个人比特币地址。

但是，比特币转账是没有固定第三方进行确认的。比特币是一种点对点的电子现金系统，更直接地说，是一个节点对另一个节点交易。每笔交易由发起方向周围的网络节点进行广播，节点收到之后，再广播给自己周围的节点，最终扩散至全网。如果想要转账比特币给别人，你需要在比特币钱包或交易平台中输入你的比特币地址、接收方地址、转账金额和手续费金额，确定支付后，交易信息会在比特币网络进行全网广播。比特币矿工每隔10分钟，会将比特币网络中没有被记账的交易打包进一个区块，这就完成了一次交易确认，此时，比特币才会转到对方账户。

需要说明的是，比特币转账也是需要手续费的，但这笔手续费是交易者付给矿工的费用，目的是激励矿工竞争记账，为比特币网络正常运转提供足够的算力，从而确保比特币网络的安全。

不过，比特币转账的手续费并不高。以银行间转账手续费为例，它一般是按照转账金额的一定比例收取，如跨行转账手续费约为5‰；异地转账的手续费为1‰到1%不等；跨国转账除了支付以上手续费外，每笔还需支付50～200元的电报费。

而区块链本身是全球化的，没有跨国的概念，且区块链资产之间的转账手续费与转账金额无关，它是按照字节进行收费。以比特币转账为例，一笔普通交易约占250字节，手续费约为0.001～0.0015个比特币（几十元人民币）。

讲过比特币转账和交易的原理后，相信你可能仍会嘀咕："哎，还需要下载钱包，还需要注册账户，账户居然还是一堆数字和字母组成的字符串，这也难怪比特币刚诞生时，说服一个人接收比特币换取两份比萨有那么多困难。"但俗话说，万事开头难，一个新生事物从兴起到逐渐被接受，的确需要一个漫长的过程。如今，很多人在开发技术和工具，提高比特币支付和使用的便捷性，相信用不了多久，大家用比特币支付时，会像微信、支付宝一样方便。

回过头来，再说说当时用比特币交易天价比萨的哥俩，他们现在过得还好吗？

买到"天价比萨"的程序员拉斯洛（见图1-3），如今37岁了，依然在佛罗里达州一家在线零售公司做程序员，这和他8年前花费1万比特币购买比萨时的职业完全一致。他在2018年5月接受采访时曾说："在今天看来，也许人们觉得我很愚蠢，但当时的情况非常好。我认为没有人能够知道它会像现在这样起飞，所以我并不后悔交换1万枚比特币来换取比萨。"

而接收了1万枚比特币的那位热心网友杰科斯，他并没有把1万枚比特币这笔天价的财富一直留在手中，他后来回忆说："我当时把这笔25美元的投资变成了一场价值几百美元的旅行，并在最多时曾拥有4万枚比特币。"但经历过此番事件后，杰科斯从一个其他行业的普通人，变成了一名加密数字货币的爱好者，并且乐在其中。

图1-3　拉斯洛和他的孩子近照

不管怎么说，比萨事件成了很多人眼中比特币第一次拥有价值的起点，拉斯洛和杰科斯因为参与了1万枚比特币换取比萨，而被永远写入了比特币发展的历史。后来，每年的5月22日被很多人称为"比特币比萨日"。

通过本节课程，你一定对比特币的交易和转账机制有了一些新的认识，如果感兴趣，可以试着创建一个比特币钱包。也许，若干年后回忆起来，这会是你开启加密数字世界的一个新的起点，值得永久纪念。

延伸阅读：

用1万枚比特币换两份比萨的原帖

2010年5月18日，美国佛罗里达州杰克逊维尔市一名叫拉斯洛·汉耶茨（Laszlo Hanyecz）的计算机程序员在比特币论坛BitcoinTalk上发帖（见图1-4）：

图1-4　用1万枚比特币换比萨的原帖

原帖内容翻译：

我想用 1 万枚比特币买两个比萨，最好是两个大尺寸的，这样我还能留下一些第二天接着吃。我比较喜欢留下点比萨当零食吃。当然你也可以自己做一个比萨送过来或者在我家附近订一个送过来，我希望用比特币来支付，这有点像酒店的早餐拼盘或者其他东西，他们给你带吃的过来，你会很开心。

我喜欢洋葱、辣椒、香肠、蘑菇、西红柿、意大利辣香肠等食材，只加一些平常的食材就可以，不要奇怪的鱼类或者其他乱七八糟的东西。最好再来点芝士，虽然这样不便宜。

如果你感兴趣，请告诉我，我们可以达成协议。

谢谢，

拉斯洛

第3讲　为什么委内瑞拉民众争着购买比特币？

在前面两讲里，我们谈到了比特币的基本概念、转账及交易机制，那么，比特币究竟能做些什么？现在能用到比特币的地方，你又了解多少呢？接下来，我想给大家介绍一个地方——委内瑞拉，咱们一起看看比特币在委内瑞拉究竟发生了什么？

委内瑞拉是位于南美洲北部的国家，它的国名"Venezuela"源自意大利文"小威尼斯"之义，自然条件得天独厚，有着风和日丽的舒适气候以及一望无际的热带海滩，再加上丰富的石油储备，让生活在这里的人民幸福指数极高。然而，这一切的美好都覆灭在了2018年委内瑞拉日趋严重的经济危机中。

2018年，委内瑞拉全国的通货膨胀率高达1698 488%，很多普通民众也都变成千万富翁、亿万富翁，但却比过去更穷了，日子也更难过了，因为玻利瓦尔币的实际购买力严重下降（见图1-5）。例如，当地最低工资勉强只够买1千克肉；如果用现金购买商品，则不得不用推车运钱才能买到半盒鸡蛋。委内瑞拉政府后来甚至发行了面额为10万的玻利瓦尔币，但黑市的兑换价格却还不到50美分。很具有讽刺意味的是，一些委内瑞拉人开始把面值几百万的委内瑞拉钞票编织成手提包卖，竟然还能卖到几美元的价格。

图1-5 与一卷卫生纸等值的玻利瓦尔币

然而，比特币等加密数字货币的兴起，给委内瑞拉带来了不一样的变化。根据2019年3月世界知名科技杂志《连线》报道，高耸的通胀率使得委内瑞拉成了一个有趣的数字货币实验室，在这里，比特币等加密数字货币既是真正的货币，也是财产保值的可行途径。

《连线》杂志还描述了这样一个场景：胡安·平托是委内瑞拉人，在电影院的售票柜台前排队时，他拿出手机，将一定数量的比特币兑换成足以支付电影票的委内瑞拉玻利瓦尔币。平托住在委内瑞拉，但没有保留任何本国货币。三年前，这位29岁的年轻人辞去了机械工程师的工作，并将自己的职业生涯贡献给了数字货币，他说自己"爱上了这项技术"。

目前，比特币主要在委内瑞拉的中上层社会流动。那些拥有大学学位并且通常拥有多个护照的人，或者拥有多个国外银行账户的人，很多都是比特币的拥有者和使用者。

从委内瑞拉的故事里，我们可以看到，比特币省去了人们对政府和银行的需要，并让生活在乱世之中的人把控制权掌握在自己手中。所以有人说，比特币作为一种终极安全财产，因为匿名性，不会被审查、不会被冻结、不会被剥夺、不会被强制缴税、不会被强制变卖、不会被限制使用，是你的就永远是你的，走到世界任何一个地方，都随身携带，并且随时都可以使用。不夸张地说，比特币在人类历史上第一次用技术手段，保证了私有财产神圣不可侵犯。

还有人打比方，把比特币称作数字货币世界里的"黄金"，我认为此话并不夸张。俗话说"盛世古董，乱世黄金"，黄金是传统的避险资产，但黄金的拥有和存储成本太高，特别是在乱世，保存黄金是个高危险的任务。和黄金总量有限一样，比特币总量恒定2100万枚。虽然比特币由于巨大的遐想空间，存在极大的争议，在短期出现了远远超过黄金的波动幅度和泡沫，但从长期来看，比特币和黄金一样会保值增值。

所以，对于委内瑞拉这样法币大量滥发导致法币严重贬值的国家，资产避险和价值存储可能就是比特币最大的用途。

2019年8月，比特币市值超过2100亿美元，这仅次于俄罗斯卢布的全球流通市值。如果把比特币看作一个"国家"发布的货币，比特币已超过巴西、加拿大、墨西哥、澳大利亚、韩国等国家的货币市值，成为世界上第十一大货币。

除了价值存储和资产避险以外，目前比特币的主要用途还包括支付汇款、信息公开等。

拿支付汇款来说，比特币作为依托于互联网存在的数字货币，只要有网络的地方，都可以像收发电子邮件一样，以极低的成本收发比特币。目前，比特币付款可在数秒内，经全网广播到达任何一个国家。相比较而言，跨国刷卡、跨国汇款不仅手续费较高，而且资金往往需要数天的时间才能到达。

比特币支付的低成本和便捷性，吸引了全球近15 000家商家接受比特币支付。有媒体称，比特币作为世界共同支付媒介的趋势正在逐渐形成。

在美国，Uber、达美乐比萨、星巴克、美国最大的热咖啡饮品销售商唐恩都乐、联合利华旗下个人护理产品公司Schmidt's Naturals等，均开始为用户提供比特币支付服务。在日本，包括家电连锁商场 Big Camera、丸井（Marui）ANNEX百货等在内的多家日本公司，已经开始支持使用比特币付款了。如今，你走在东京银座商圈，可以进行比特币和日元兑换的比特币交易机已经开始出现在街头，民众可以自己在机器上进行买进、卖出等操作，只要扫描手机中安装的比特币钱包，即可扫码完成交易。

信息公开，也是比特币的重要用途之一。

比特币的每一笔交易虽然匿名，但都经过全网广播，所有交易都是人人可见的。也就是说，人人都可查看某一比特币地址的所有历史交易，并且这些交易是绝对无法伪造的，这在某些情况下，会成为特别有用的特性。

例如，慈善机构使用比特币地址来募捐资金，不需要慈善机构主动公开账目，人人都可以自行查看此地址的所有历史账目。全球最大的私人非营利组织联合之路、美国绿色和平组织、全球慈善组织拯救儿童会、美国红十字会等国际慈善组织，都已经开始接受比特币捐赠。2013年四川芦山地震后，比特币首次在中国成为捐赠物，壹基金成为中国第一个接受比特币捐赠的非政府组织。

回顾比特币十多年的价格走势，从零开始到最高等值一盎司黄金，虽有炒作和泡沫的成分，但价值决定价格，比特币的价格一定是围绕着价值上下波动，而价值又取决于用途。在未来，随着比特币应用场景的多元化，比特币的价值大概率会继续保持增长。

最后留两道计算题：如果未来比特币的市值等于黄金的市值，那么比特币的市值应该是7.7万亿美元，一枚比特币的价格应该是多少呢？比特币的市值如果等于流通中的美元的市值，那么比特币的市值应该是1.5万亿美元，此时一枚比特币的价格又应该是多少呢？

延伸阅读：

委内瑞拉比特币的周交易量屡创新高

随着委内瑞拉恶性通货膨胀的持续，比特币交易再创新高（见图1-6）。截至2019年8月31日的前一周内，在交易所Local Bitcoins上，仅比特币交易量就达到了1140亿玻利瓦尔，远高于此前一周770亿玻利瓦尔的纪录。此外，玻利瓦尔交易的每周高点突显了委内瑞拉货币的疲软，委内瑞拉2019年7月的年通货膨胀率接近265 000%。

图1-6 玻利瓦尔币与比特币交易量统计（2013年10月12日—2019年8月10日）

（引自火星一线《委内瑞拉上周比特币交易高达1140亿玻利瓦尔，再创新高》）

第4讲　藏身十多年无人知晓，比特币创始人到底是谁?

在前面几讲里，通过对比特币的价值、特征、交易等内容的讲解，比特币可能不再那么神秘了，而且对比特币的认识越深入，你会越发赞叹比特币的设计新颖精妙。

比特币有一位灵魂人物——中本聪（Satoshi Nakamoto），也就是传说中的比特币的发明人。这个人很不简单，他创立了比特币系统，一个市值曾超过千亿美元的市场。中本聪想通过比特币完成对世界全新货币系统的一场伟大实验，这个设想不得不说是划时代的，有人甚至要求提名中本聪作为诺贝尔经济学奖的候选人。

回溯历史，中本聪最早曾在一封与社区其他人员沟通的邮件里这样写道：我从2007年开始设计比特币。从某一刻开始，我确信这世上存在一种不依赖信用的货币，我无法阻止自己去思考它。

2008年10月31日，中本聪公开了比特币“白皮书”——《比特币：一种点对点的电子现金系统》（见图1-7），这篇技术性论文详细介绍了中本聪的猜想：通过利用点对点网络，创造一个无须依赖中间机构的电子交易系统。

Bitcoin: A Peer-to-Peer Electronic Cash System

Satoshi Nakamoto
satoshin@gmx.com
www.bitcoin.org

Abstract. A purely peer-to-peer version of electronic cash would allow online payments to be sent directly from one party to another without going through a financial institution. Digital signatures provide part of the solution, but the main benefits are lost if a trusted third party is still required to prevent double-spending. We propose a solution to the double-spending problem using a peer-to-peer network. The network timestamps transactions by hashing them into an ongoing chain of hash-based proof-of-work, forming a record that cannot be changed without redoing the proof-of-work. The longest chain not only serves as proof of the sequence of events witnessed, but proof that it came from the largest pool of CPU power. As long as a majority of CPU power is controlled by nodes that are not cooperating to attack the network, they'll generate the longest chain and outpace attackers. The network itself requires minimal structure. Messages are broadcast on a best effort basis, and nodes can leave and rejoin the network at will, accepting the longest proof-of-work chain as proof of what happened while they were gone.

图1-7　《比特币：一种点对点的电子现金系统》论文节选

这里还要说下比特币诞生时的时代大背景：2008年美国次贷危机爆发。次贷危机的成因其实相当复杂。但在当时，美国民众普遍把责任归结为华尔街的贪婪以及美国政府的愚蠢。由于对华尔街和政府的不信任，很多人把目光投向比特币——一种完全独立于政治力量和金融大鳄的电子货币。可以说，美国次贷危机让比特币的关注度得到了空前提升。

进一步引爆比特币舆论热潮的是"维基解密"事件。2010年11月28日，维基解密发布了几十万份美国国务院与美国驻外大使馆之间联系的文传电报，其中大部分都是保密级别的文件。此举引发美国政府震怒，不仅攻击了维基解密的网站使其瘫痪，更向各大金融机构，包括银行、信用卡支付机构甚至PayPal施压，要求封锁维基解密的创始人朱利安·阿桑奇（Julian Assange）和维基解密的相关金融账户。

陷入困境的阿桑奇通过推特（Twitter）向世界求援，称愿意接受比特币作为资金来源，让人意想不到的是，维基解密竟然奇迹般地依靠收到的比特币援助渡过了这次危机。

然而，中本聪却并不乐意看到这种情况。他在论坛上发了个帖子抗议道："比特币系统还很不成熟，阿桑奇所带来的对于比特币的关注，会摧毁比特币。"

2010年12月12日，在发布了抗议维基解密的帖子一周后，中本聪发布了他在论坛上关于比特币的最后一个帖子，谈论了一些最新版本的更新。随后，中本聪开始慢慢降低回复邮件的频率，直到完全停止。自此，中本聪与大众失联了。

中本聪失联后，我们才发现对中本聪几乎一无所知。我们不知道中本聪是男是女、多大年纪、哪国人，不知道"中本聪"这个名字是不是真名，甚至不知道中本聪是一个人还是一个组织。在网络如此发达的今天，这几乎是一件不可想象的事情。但是中本聪做到了，并且一直维持到了今天，至今还没有人能够揭开他的身份之谜。

中本聪为什么能够隐藏得如此之好？这得回到他最初现身的地方——"密码学讨论组"。1992年，以蒂莫西·梅为发起人，美国加州几个不安分的物理学家和数学家聚在了一起，并创建了一个"密码朋克"小组，以捍卫未来数字世界的公民隐私，议题包括追求一个匿名的独立数字货币体系。中本聪就是这个小组中的一员。

中本聪使用种种加密手段，使自己成为一个完全匿名的人，他和任何人交流都使用特殊的加密网络，哪怕是与最亲密的伙伴交流，中本聪也会对通信邮件进行加密。与此同时，在其来往邮件中，中本聪还对语言词汇、写作风格、作息规律等进行有意误导，这使得其个人信息与个人踪迹更加神秘莫测。

那么，中本聪到底是谁？我搜集了以下几位比较可疑的候选人，大家可以自己做个判断。

第一位，多利安·中本聪。2014年，美国《新闻周刊》记者莉亚·古德曼声称，他找到了中本聪。这位名为多利安·中本聪的男子是一个65岁的日裔美国人，毕业于加州州立理工大学，拥有物理学学士学位，当时住在洛杉矶附近圣贝纳迪诺山脚下。然而，隐身三年后，中本聪本尊现身P2P Foundation网站，他发文回应称："自己并不是多利安·中本聪。"

第二位，哈尔·芬尼。哈尔·芬尼曾参与过比特币早期筹备工作，他在20世纪90年代有一项非常重要的发明叫"可重复使用的工作量证明"，而工作量证明是比特币技术的核心算法。此外，哈尔·芬尼患有严重的渐冻症，不得不在2011年年初退休，而这与中本聪公开退出论坛的时间非常接近。哈尔·芬尼最后因为病痛在2014年去世。如果他真的是中本聪，也只能留给后人去发现了。

还有人说"中本聪"是个化名，Satoshi Nakamoto 是三星（Samsung）、东芝（Toshiba）、中道（Nakamichi）、摩托罗拉（Motorola）的组合。

也有人提出，中本聪可能不是一个人，而是一个有着神秘目的的神秘团体，它可能是谷歌上的一个群组或是美国国家安全局。

还有线索认为，中本聪是一个受过编程训练的学者。某位研究者称，中本聪写作的注释风格，在20世纪80年代末和90年代初十分流行。

无数人跳出来自称是"比特币之父"，但又被无数次证明纯属恶作剧或骗局，最终，真正的中本聪巧妙地躲过了一切试图寻找他的目光。

如果从2008年10月31日白皮书公布算起，比特币走过了十余年历程，而中本聪公开参与比特币工作的时间不过两年，充其量陪伴比特币五分之一的时间。然而，在中本聪消失后，比特币依靠社区自治却能保持稳定运行多年。

比特币之所以可以如此稳定地运行，我认为其中一个重要原因在于，它是以区块链这种全新、强大的底层技术作为支撑的。这里面的细节我先不展开，留在后面章节对比特币的运行机制做更深入的解读。

如今，"中本聪"这个神秘的领袖，给比特币带来的更多的是象征意义，但这种去领袖化的先例以及自治社区化运行的经验，已经成为区块链项目的应用典范。

也许，在区块链世界里，比特币不需要中本聪，因为这里的每个人都认可和拥护比特币，比特币成了每一个人的信仰，因为"We are all Satoshi（人人都是中本聪）。"

延伸阅读：

比特币的白皮书主要在讲什么？

以下为《比特币：一种点对点的电子现金系统》中文译本的"摘要"部分，可以在最短时间内了解这份白皮书的内容梗概：

"本文提出了一种完全通过点对点技术实现的电子现金系统，它使得在线支付能够直接由一方发起并支付给另外一方，中间不需要通过任何金融机构。虽然数字签名（digital signatures）部分解决了这个问题，但是如果仍然需要第三方的支持才能防止双重支付（double-spending），那么这种系统也就失去了存在的价值。我们在此提出一种解决方案，使现金系统在点对点的环境下运行，并防止双重支付问题。该网络通过随机散列（hashing）对全部交易加上时间戳（timestamps），将它们合并入一个不断延伸的基于随机散列的工作量证明（proof-of-work）的链条作为交易记录，除非重新完成全部的工作量证明，否则形成的交易记录将不可更改。最长的链条不仅将作为被观察到的事件序列（sequence）的证明，而且被看作是来自CPU计算能力最大的池（pool）。只要大多数的CPU计算能力都没有打算一起合作对全网进行攻击，那么诚实的节点将会生成最长的、超过攻击者的链条。这个系统本身需要的基础设施非常少。信息尽最大努力在全网传播即可，节点（nodes）可以随时离开和重新加入网络，并将最长的工作量证明链条作为在该节点离线期间发生的交易的证明。"

第5讲　做一名比特币矿工是怎样的体验？

本讲咱们聊聊比特币挖矿的故事。

你也许听说过号称"中国电子第一街"的深圳华强北，日客流量有50万人次，它可是国内电子产品流通的主要枢纽。每天来自天南海北前来采购的客户络绎不绝，市场里人挤人，人挨人，要想趴到某个柜台前看看玻璃板下面的机器，很多时候都需要费一番力气。

2017年年底到2018年年初，很多华强北店铺的租金比之前翻了一番，但是依旧挡不住大家的热情，其中的原因，并不是手机和电脑市场变得更火爆了，而是许多先前卖电脑、手机的商家开始转行卖比特币等加密数字货币的矿机。伴随着加密数字货币市场的水涨船高，华强北几乎一夜之间，摇身一变，由"中国电子第一街"变成了"中国矿机第一街"。

市场最火爆的时候，一台白卡B矿机的价格炒到14万元，当时官网价格才3万多元；蚂蚁S9矿机的价格也是从1万多元炒到2万多元，而且还没有现货，只能先买期货。熙熙攘攘的客户中，有大量来自俄罗斯、印度、韩国以及日本客户的身影，而且不少来自国外的矿机买手基本上都是100台起订。

你肯定会好奇地问，矿机是什么？挖矿到底挖的是啥？曾经听到的比特币矿场、矿池又都是什么意思？

这里先举个例子：假设我拿出一张100元人民币作为奖励，凡是关注了火星财经公众号的人，都可以通过评论来猜这张人民币的编号的后两位数字，谁能猜中，我就把这张100元人民币送给谁。

如果是一个人，想尽办法自己猜，猜中独享这100元，就是个人挖矿；如果觉得光靠自己一个人，怎么猜也猜不到，那可以考虑出钱召集一些人一起来猜，这就是矿场；等猜中之后，根据猜测的次数，按比例分配这100元，这就是矿池。

当然，以上只是一个很简单的类比，比特币的挖矿也是同样道理。

比特币挖矿只需要记住一个核心：简单地说其实就是求解数学题，但是这道数学题的求解不是靠什么技巧，而是直接使用运算能力去破解。根据比特币的设计机制，每隔一段时间，比特币系统会在系统节点上生成一个随机代码，互联网中的所有计算机都可以去寻找这个代码。谁只要一找到，就会产生一个区块，随即得到一枚比特币，这个过程就是比特币挖矿。

你可能会觉得，比特币一直这样挖下去会越来越多，从总体上看，岂不是会越来越不值钱，直到变得像路边的石头一样多而一文不值。

这一点，伟大的中本聪先生在设计比特币时就考虑到了。他固定了比特币的总量，并设计了一套机制：第一枚比特币出现后，前4年一共将产生10 500 000枚比特币，每隔4年产出数额减半，在第4年至第8年，会产生5 250 000枚比特币，在第8年至第12年，则只产生2 625 000枚比特币，后面依次递减，到最后，总共产生的比特币数量为2100万枚，日后不再增长。

这就好比有一个装了2100万枚金币的宝库，要想将里面的金币装到自己口袋里，需要利用电脑，按照一定的算法找到一组符合规律的数字，这些数字就是打开宝库大门的钥匙，打开一次大门，就有一些金币掉出来。而且，这些金币具有一定的价值属性，可以在全球市场自由流通。

所以，"挖比特币，就是挖金矿"这话一点不假。挖金矿的好事，谁也不想被落下。但别急着去挖，如今比特币挖矿已经走过四个阶段，个人挖矿的难度越来越大，想在比特币金矿中淘到金，并没有想象中那么简单。

最早期的比特币挖矿：个人随便用台旧电脑跑个程序，就能得到比特币，当时主要使用的是CPU的计算能力。中本聪就是用他家里的电脑CPU，挖出了世界上第一枚比特币。那时的个人挖矿似乎不费吹灰之力，就像在淘金潮的最初期，一个淘金者在盘中盛上矿石，灌点溪水，用力颠几下，闪亮的金粒就会呈现于盘底。

那个时候，你只需要有一台能联网的计算机，下载一个比特币钱包，就可以进行挖矿了。用一台个人电脑，每天挖出几百、上千枚比特币很容易，于是也就有了前面提到的程序员用1万枚比特币买比萨的故事。但最早大家不是很在意，挖出比特币都没有及时保存，甚至很多被挖出的比特币被删除而永久消失了。

很快，进入到比特币挖矿的第二阶段。拿淘金做类比，在这个阶段，为了加快处理矿石，更快更好地筛选出金粒，淘金行业出现了溜槽，可以大大提高细粒金的回收率。这个阶段的比特币挖矿，也逐渐进入到GPU（显卡）挖矿的黄金时期。2016年前后，受大量用户购买显卡进行挖矿的影响，市面上高性能显卡缺货严重，显卡价格大涨，一卡难求，让很多购买显卡玩游戏的电脑用户叫苦不迭。

在淘金的第三个阶段，人们开始使用高压水枪冲击含金砾石，形成砂浆，准备进一步筛分矿物。比特币挖矿的第三个阶段，则开始出现FPGA（可编程门阵列）挖矿，也就是开发出一种半定制电路进行挖矿，它的挖矿效率比CPU和GPU更高。

如今，比特币挖矿进入第四个阶段，个人挖矿已经完全没有竞争力了，出现了各种大型的矿场和先进的机器设备。在这个阶段，由于首款专用于比特币挖矿的集成电路ASIC芯片的出现，比特币挖矿也变成了一个需要大量资金投入的大型工程。下面，我们来看一个比特币矿场（见图1-8）的例子。

坐落在内蒙古的银鱼矿场是中国最大的比特币矿场之一。在这里，你会看到很多头戴安全帽的工作人员，以及来来往往的水泥车和货车，它看起来更像是个货真价实的淘金矿场。矿场包含4个大型仓库，每个长约150米，宽约20米，相当于半个足球场的大小。矿场经营者说，每个仓库需要花15天的时间来建设，然后还要花10天的时间部署矿机。更让人吃惊的是，这个矿场单是电费的开销，每个月就要超过100万美元。

图1-8　比特币矿场实景

那么，花费这么大人力和物力去建设矿场，真的有必要吗？挖矿的意义到底是什么？就是为了获得比特币吗？在我看来，这种观念或想法可能太过片面。

挖矿给人的第一感觉就是挖，其实在整个系统中，挖不是关键，维护系统的正常运转才是关键。对于没有中心化机构监管的比特币系统而言，挖矿获得比特币只是个奖励，重要的目的是通过计算来确保比特币的正常交易，防止重复支付，简单地说，就是防止有人作恶或作弊。

所以，挖矿重点不在挖，而是维护，只有在维护好系统的前提下，才可能产出比特币，才会得到比特币的奖励，简而言之，比特币是给那些维护系统的人，也就是给矿工的奖励。

就像银行的员工一样，每个人都在负责一项或多项数据业务的管理，实际上是每个人用汗水和努力，保证了整个银行系统的稳定运行。比特币挖矿的意义，大致也是如此。

通过本节课程，你一定对比特币挖矿有了一些了解。最后留一个思考题：通过比特币挖矿，维护了比特币系统的稳定，它和各国央行建立各种系统（电子系统、银行网点系统等）来维持法币正常流通的机制一样吗？

延伸阅读：

普通人学习了解区块链，不如直接从比特币挖矿开始

以下内容节选自2020年2月27日，火星区块链及共识实验室发起人王峰在火星云矿千人线上发布会的发言实录：

"要了解和认识区块链，发现其中更好的投资机会，与其开会到处听讲座，不如自己从比特币挖矿开始。

"业界很多人认为，挖矿其实是一种中长期定投。这是一个很好的比喻，就像大部分人做不了自己的对冲基金，不如坚定地选择优质资产做长期投资。一定意义上，所谓'挖矿比炒币更划算'就是这个道理。

"提及挖矿，连我们自己从事多年互联网的人在早些时候都有一筹莫展之感，要把硬件算力、电力功耗、运维服务成本和比特币价格波动的关系搞清楚，对于不在挖矿圈子里和那些毫无技术背景的人来说，确实不是很容易。你很容易发现，早期挖矿的都是一些从事计算机和互联网技术工作的极客，还有那些学习新东西很快的牛人。此外，矿机、矿场、矿池以及运维都是需要有人指点的。通过挖矿，普通人才能很好地理解分布式、区块、POW共识机制和信用机器的具体意义。

"我们提供的火星云矿（编者注：www.mclouds.io），看上去是一个比特币矿机电商平台，但是实际上我们打通了矿机型号选择、购买、矿场安装、矿池报块统计、运维以及后台管理的一条龙服务，业界又把这个统称为云算力。我们之所以没有起名叫火星云算力，是因为我们发现今天的云算力市场前期引导没有做好，加上很多虚假云算力此消彼长，有的仅仅是一个××币的金融衍生品交易，并没有真正的实体矿机给你。"

第6讲 为什么"股神"巴菲特说比特币是金融行业的"老鼠药"？

关于比特币的来龙去脉，相信你学完了前面几讲，应该有一个比较模糊和初步的印象了。对于比特币的价值和未来发展方向，众说纷纭，有人看好，有人

观望，有人唱衰。在唱衰的人群里，不乏"股神"巴菲特和他的老搭档查理·芒格，以及微软的比尔·盖茨等知名人士。

巴菲特被称为美国"股神"，是一位世界级的投资大师。巴菲特自2000年起，每年拍卖一次与他共享午餐的机会，最高曾经拍卖到345万美元，段永平、赵丹阳等都参加过巴菲特午餐。但外界较少关注的是，巴菲特本人和比特币的积怨已久。

早在2014年，当大多数人还不知比特币为何物时，巴菲特便已经开始讨伐比特币。在接受采访时，他劝所有人远离比特币："它基本上只是一种幻影，是转移资金的一种途径。"如果有人提到比特币具有巨大的内在价值，巴菲特会把它听成一个笑话。

2017年11月，巴菲特在《福布斯》杂志上刊文称，比特币是"不折不扣的泡沫"（见图1-9），认为"它根本就没有意义，这东西居于监管之外，居于控制之外，无论是美联储还是其他国家的央行，都无法监测。我对这件事根本就不相信。我认为它迟早要彻底崩盘。"

图1-9　巴菲特认为比特币是"不折不扣的泡沫"

2018年，在伯克希尔·哈撒韦公司股东大会上，90岁的巴菲特称加密数字货币不会有好下场，比特币本身没有创造任何东西，"你全部指望的，不过是下一个买家以更高价接盘"。巴菲特的老搭档查理·芒格甚至说，应该像躲瘟疫一样远离比特币。几天后，比尔·盖茨接受美国CNBC电视台采访时说："作为一类资产，比特币没有产生任何东西，所以你不该指望它会涨。它纯粹是'博傻理论'那一类的投资，有机会做空它。"

比尔·盖茨说到的"博傻理论"，指的是在股票、期货市场等资本市场中，人们之所以完全不管某个东西的真实价值，而愿意花高价购买，是因为他们预期会有一个更大的笨蛋，会花更高的价格从他们那儿把它买走。通俗地讲，"博傻理论"实际上就是大家经常说的"击鼓传花"。在比尔·盖茨心里，比特币就是一场"击鼓传花"的游戏而已。

为什么巴菲特、芒格、盖茨这三位美国上流社会的顶层精英都对比特币嗤之以鼻？在《王峰十问》节目中，王峰曾经和硬币资本联合创始人老猫聊过这个问题，老猫的一些见解很值得我们思考。这里我也和大家做个分享。

巴菲特鄙视比特币，究其原因，是由于其拥有美国富国银行和J.P.摩根公司股东的身份，使他出于利益考虑，选择站队到比特币的对立面。

回过头来看，巴菲特过去干过两件重要的事情，一举奠定了他投资大师的地位。第一件事情是34岁的他在1964年收购伯克希尔公司，第二件事情是1988年投资可口可乐公司。在这两件事情面前，他的其他投资可以忽略不计。所以，特定时代有特定的机会，也没有必要神化巴菲特。如果把他合适的投资年龄放在日本的泡沫期，也许就是投资失败的典型。

虽然现在巴菲特的伯克希尔公司股票市值是2220亿美元，比特币的市值还不到1000亿美元，不足伯克希尔公司市值的一半，但是，很多人把比特币看作未来全球最大的金融系统的股票，比特币的这场世界货币实验如果成功，那么对传统金融行业是个重大的挑战。

如果有朝一日，比特币市值超过伯克希尔公司的股票市值，对于坐享传统金融行业红利的伯克希尔的投资者来说，可能会出现信心的溃败，巴菲特的神话将不复存在。这才是巴菲特气急败坏的原因。

虽然比特币的出现让巴菲特、盖茨等大佬嗤之以鼻，但同时也让很多大佬看到了孕育的新机会。这其中，为比特币摇旗呐喊最有力的当属硅谷风投教父蒂姆·德拉普（Tim Draper）。

现年61岁的德拉普是美国风险投资传奇家族的第三代传人，从1985年开始，他创建了德丰杰（DFJ）风险投资基金。谷歌CEO埃里克·施密特曾经这样评价他："如果你想从硅谷人身上吸取经验教训，你不可能获得比德拉普家族更完善的一手资料。"德拉普投资了150家科技企业，包括Hotmail、百度、Skype，德丰杰基金也是特斯拉与SpaceX的早期投资者。

德拉普认为："人类正在大跨步进入一个全新的时代，过去是铁器时代、机器时代、互联网时代，现在是比特币时代。这次浪潮比历史上任何一次都大，它是全球性的。"他一直都很看好比特币，在2014年的一场拍卖中，德拉普一举买入了约4万枚比特币。之后，比特币价格轮番暴涨，最高时创下了2万美元的单价。但德拉普并没有卖掉自己的比特币，他依然十分看好这种新兴资产的长期前景。甚至，他还曾预测，到2022年，比特币的价格将达到25万美元。

再来看看另一位大佬对比特币的态度，他是华尔街的传奇人物——摩根大通的董事长兼首席执行官杰米·戴蒙（Jamie Dimon）。摩根大通是美国最大的金融服务机构之一，管理的总资产有2.5万亿美元之多，能驾驭这样的金融庞然大物的人，自然非等闲之辈。

在2017年，杰米·戴蒙就公开批判了比特币，他说："比特币泡沫将比郁金香泡沫更糟糕。它不会有好的结局，有人会因它而丧命。"说完还补充一句，他会解雇任何被发现的参与交易比特币的交易者，因为比特币是"愚蠢的"。

但是，一年之后，杰米·戴蒙对比特币的态度有了180°大转弯，他对自己一年前公开发表过的对比特币的那一番言论表示后悔："我一直认为，当比特币规模变得真的很大时，各国政府都会感受到。与其他人相比，我只是有一种不同的观点罢了。"

像蒂姆·德拉普、杰米·戴蒙等支持比特币的名人还有很多，如推特CEO杰克·多西、特斯拉CEO埃隆·马斯克、苹果公司联合创始人斯蒂夫·沃兹尼亚克、PayPal联合创始人彼得·蒂尔等。在这场传统金融与比特币新经济观念之间的较量中，这些人和反对比特币的人群形成了鲜明的对比。

每个人对世界的认知不尽相同，当然不可能所有人都会认同比特币，世界也正是因为不同而精彩。或许，比特币成了新、旧投资观念的一道分水岭，至于谁对谁错，还是交给历史做评判吧。

最后，说一则趣事。有国外网友通过对比看空比特币与看好比特币的精英的年龄数据，得出了一个结论：看好比特币的精英们平均年龄为56.6岁，而不看好比特币的精英人群平均年龄为69.3岁，平均年龄相差13岁。这能说明什么问题呢？我想，还是留给你思考吧。

延伸阅读：

硅谷风投教父蒂姆·德拉普为何要投资比特币

亿万富翁蒂姆·德拉普（Tim Draper）是一位传奇的风险投资家，集"硅谷风投教父""冒险大师"等光环于一身。他创办的德丰杰（DFJ）投资基金是全球著名的风险投资公司，曾投资特斯拉、Hotmail、Overture、Skype等知名企业，并在中国入股百度、分众传媒、空中网等。

他还是坚定的比特币信仰者和持有者，曾入围福布斯加密货币富豪榜。2014年，他成功预言比特币价格将在三年内达到1万美元。2018年，他再次预言：比特币会在2022年达到25万美元。

以下内容节选自2018年5月《福布斯》（Forbes）杂志对德拉普进行的采访实录。

《福布斯》：2014年，是什么原因让你决定投资比特币的？

蒂姆·德拉普：2004年，一位朋友告诉我一款叫作《传奇》的游戏，据说每个人都在玩。当时，这款游戏非常火爆，它给了我这样一种感觉——我们生活在"虚拟世界"里。这位朋友告诉我，他正在用法币给他儿子买一把虚拟剑，以此在游戏中获得优势。这让我认为我们可以建立一个基于虚拟世界的整体经济。

（《福布斯》注：2011年，德拉普第一次了解到比特币。他的启蒙老师是CoinLab首席执行官Peter。对方宣称比特币是一种新型货币，可以用来储值和支付，不仅仅是一个推动电玩游戏进步的"简单发明"。）

我知道这是一个巨大的机会，最终支持了一家名为CoinLab的比特币公司。我投资该公司以获得比特币，该公司最终用ASIC来挖矿，因此我们能够以更便宜的价格获取比特币。

当时比特币从6美元上涨到36美元。我们开采比特币，然后将其存放在当时世界上最大的比特币交易所之———Mt.Gox交易所上。后来的事情大家都知道，Mt.Gox倒闭了，我们失去了所有的比特币。我原本以为，比特币将一蹶不振，但Mt.Gox被黑客攻击当天，比特币仅下跌15%，然后在第二天上涨。当时，我想：哇，最大的交易所刚刚崩溃，而比特币还在继续前进。这让我意识到，这个世界确实需要比特币。

然后，我立即抓住了这个机会。当时美国法警局正在拍卖没收的比特币，总共有约19个竞标者，在他们当中，大多数人的出价都低于市场价格。于是，我以高于市场价的报价获得了拍卖的全部9笔比特币。当我买下这些比特币之后，比特币价格很快从632美元直接下滑到180美元。但是，我相信自己的眼光，经过分析，我做出预测，比特币在3年内将达到10 000美元。不知何故，3年内比特币真的飙升至10 000美元。突然之间，我成了有远见的人。

第7讲　被宣布死刑300次之后，比特币为什么还没死？

我们在前面介绍过，比特币实质是一种虚拟货币，但同时，可以在全球自由流通的比特币也具有了市场赋予的价格。伴随比特币价格的起起落落，比特币的真实价值也一直受到巨大的争议。在比特币诞生的十多年中，它被社会各界名人、知名媒体诋毁和看空，质疑比特币是庞氏骗局、泡沫论等评论比比皆是。甚至早在2011年6月20日，美国知名的《福布斯》杂志就写道："比特币已死。"更有人统计过，到现在为止，比特币已经被宣布死刑319次了。

但问题来了，为什么被宣布死刑319次后，比特币还没死？

先不急着回答这个问题，咱们先回顾一下，比特币价格所经历过的三次重要的浪潮。

第一次，2011年4月至6月，比特币价格从0.75美元飙升至30美元，涨幅高达40倍，比2009年比特币刚诞生时的0.0076美元更是涨了4000多倍。然而，从当年6月到11月，比特币价格又从30美元跌至2美元，跌幅高达93%。

第二次，从2013年年初到年末，短短一年的时间，比特币价格从13美元涨到1147美元，涨了87倍，相比诞生时的价格，涨幅达到15万倍。接下来，从2013年年末到2015年年初，依旧是差不多一年的时间，比特币价格从1166美元跌至170美元。

第三次，也就是2017年年底，比特币更迎来了有史以来最大程度的暴涨，从789美元涨到19 878美元，涨幅达到24倍之多，相比诞生时的价格，更是涨了262万倍。到2018年年底，比特币价格又从近2万美元跌至3000多美元。

近11年来比特币的活跃地址数如图1-10所示。

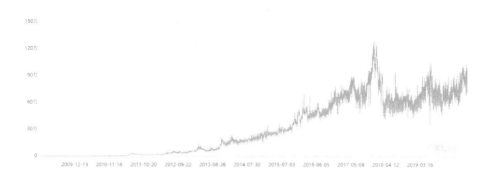

图1-10 近11年来比特币的活跃地址数①

比特币经历过的三次大涨大跌，堪称三次"自由落体式的泡沫破裂"，让无数投机者倾家荡产，也让比特币屡屡成为席卷全球舆论的热词。比特币为什么可以成为"打不死的小强"？究其根本原因在于，比特币的某种价值一直被社会认可。

经济学大师约瑟夫·熊彼特说过一句话："如果一个人不掌握历史事实，不具备适当的历史感或所谓历史经验，他就不可能指望理解任何时代的经济现象。"

站在历史的角度，现在是2020年，比特币已经产生并运行了十多年，这期间，世界发生了什么？

我们看一组数据：2018年年末，中国M2（广义货币）指标值为182.67万亿元，是2008年年末47.5万亿元的3.8倍。换句话说，如果你在2008年年末、2009年年初，把1万元人民币锁在保险箱里，到2018年元旦拿去买房子，只能买到约九年前四分之一的面积，原因就是这些年市场中的钞票多了近四倍，你的钱不知不觉贬值了。虽然这样计算不太准确和科学，但十年前和今天，同样是100元，在超市里分别能买到多少东西，你肯定有切身的体会吧。所以很多中国大妈去抢购黄金，希望能够做资产保值，但黄金也面临同样的问题，有细心人计算过，黄金的相对购买力也已经下降到一百年前的十分之一不到。

当然，根据经济学理论，在政治稳定、对外开放的情况下，一个国家要实现经济发展，是必然会发生通胀的。从较长时间看，不只是中国，绝大多数国家的货币购买力都会出现贬值的现象。20世纪初，美元货币供应量只有70亿，如今流

---

① 活跃地址数（Active Addresses）反映了每日网络中参与转账等事项的地址数量，可以用于衡量网络的活跃度，若活跃地址数较高，说明网络活跃度较高，链上生态较为完善；数据取自 QKL123。

通中的美元总面额，已经是当时的1900倍。

或许有人要说了，要想抵御通货膨胀，我们买房子、买黄金就行了，为什么有人要选择去持有比特币？道理很简单，与其花几十万元甚至上百万元买房或者交首付款，再加上要去办理各种烦冗的手续，或者购买沉重的黄金（运输、变现都比较困难），相比之下，还不如花几千元、几万元去囤一些比特币，存在数字钱包里显得轻松从容。

因此，从长远看，比特币只要能做到中本聪"数字黄金"的规划，它的价值就会被越来越多的先知先觉者认识到。不得不说，单单从能够保值这一最基本的原因，就可以解释得通为什么比特币总也死不掉。

比特大陆联合创始人吴忌寒用经济学的"适销性"理论解释了比特币为什么能够在十年时间里从无到有地崛起。这里我也借用下他的一些观点。适销性强的商品会逐渐演化为货币，适销性弱的商品会逐渐退出货币的角色。在吴忌寒看来，比特币本身就具备很强的适销性。

第一，市场因素。商品满足市场因素需要符合几个条件：要有很多人喜欢这种商品；喜欢这种商品的人要有较强的购买力；商品具备稀缺性；商品易于分割；存在流动性很好的市场，包括为投机性交易而构建的市场。以上五个条件，比特币都比较符合。

第二，空间因素。一种商品存在于能够发生贸易的范围，人们都有接受和消费这种商品的意愿；同时，运输费用要低，即商品从一个地区向另一个地区转移的过程中的损耗要低。比特币恰好也满足这些条件。

第三，时间因素。在人们的心理预期中，这种商品要有持久的价值。另外，还应考虑商品的保存成本是否足够低，是否产生利息，市场对这种商品的需求有没有过强的周期性。

综合以上三点来看，比特币具备很强的适销性，随着接受人群的规模不断扩大，其货币属性也会越来越强。

有朋友问，如果把比特币当作一个新生物种来看，它的"生命体征"现在怎么样呢？是羽翼未丰，是年富力强，还是风烛残年呢？我想从以下几个维度，或者说用几个比特币的"生命体征"指标，帮助大家梳理一下。

指标一：持有比特币的人数。

有数据显示，目前比特币的使用者可能为1300万～2200万人。这样计算下来，比特币持有者只占全球人口（75亿人）的2‰～3‰，依然是极少数人在持有比特币，远远没有达到过度狂热的阶段。

指标二：比特币的交易量。

如果比特币真的"死"了，那么没有人会使用它，已确认交易数量将趋于平稳或者递减。以2020年1月6日的数据为例，比特币24小时的交易量约为65.6亿美元。此外，来自一些经济欠发达地区的比特币的交易量呈上升趋势，如伊朗、委内瑞拉、巴西、柬埔寨等。谷歌数据也显示，比特币作为搜索关键词，在南非、加纳、尼日利亚等国家的搜索量相当靠前。

指标三：比特币开发活动的活跃度。

比特币是一个没有中心化机构背书的项目，因此，拥有一个活跃的开发团队，获得开发者社区的支持，对比特币的成长至关重要。据全球知名代码网站Github.com 2018年统计，比特币全年共有2978次更新提交，平均每天有8次更新提交，这个更新数据指标相对来说已经很高冷，可以说比特币是一个开发活动非常活跃的项目。

三个"生命体征"指标自然不能代表全部，但仅仅从它们来看，比特币算得上是很健康了，短期内可能还真的"死"不了，估计这又让很多给比特币发过讣告的人失望了。

当然，比特币的"死亡"理论上还存在一种可能性，那就是在世界范围内，各国政府联合禁止比特币，不允许民众持有比特币。

但是，恰恰相反，如今禁止比特币的国家要远远少于肯定和支持比特币的国家。

目前，共有99个国家（大概占全球国家数量的40%）对比特币持正面态度，即承认比特币合法或中立，包括美国、德国、日本、英国、澳大利亚、加拿大等；共有7个国家（占全球国家数量的3%）对比特币持限制的态度，这其中包括中国；还有10个国家认为比特币不合法，其中包括俄罗斯。此外，还有130个国家（约占全球国家数量的53%）暂时没有对比特币明确表态。

所以，各国政府联合禁止比特币这件事，从目前来看，大多是不会出现的。

总结起来，比特币并没有死亡，更没有在走向死亡的路上。相反，茁壮成长的比特币正在改变着我们的世界，让我们对未来看到了更多希望。

最后我们一起思考下：比特币的下一轮牛市什么时候到来？新的牛市会由怎样的价值发现来推动呢？

延伸阅读：

关于比特币死亡的第300次"讣告"

2018年5月30日，比特币被媒体宣告了第300次死亡。这份讣告来自《福布斯》的文章"Bitcoin's Need For Electricity Is 'Achilles Heel'"（《比特币对电力的需求是它的"致命弱点"》）。

以下是该讣告（见图1-11）的内容翻译节选：

比特币的拥护者声称它不受政府控制。"它不能被关闭。"他们说。这在早期可能是真的，那时比特币可以在普通笔记本电脑上开采。但在如今庞大的矿场中，比特币迫切需要大量廉价的电力供应。没有充足的电力，比特币开采就无法继续，没有开采，比特币就死定了。最终，电力供应由政府控制。

比特币对电力的迫切需求源于其工作证明（POW）协议。POW通常被描述为"复杂的谜题"，比特币开采商必须解决这些谜题，才能获得验证一块交易的权利，并获得（目前）12.5个新比特币加上交易费的开采奖励。例如，在本文中，作者这样解释POW："这些寻找块的计算基本上都是数学难题，矿工不经过大量计算就猜不出来。"

这给人的印象是，拥有先进计算机设备的辛勤工作的矿工将胜出。这是真的，但这并不是因为"谜题"需要分析能力。现实要平凡得多。

......

可以预见的是，比特币矿商对他们的能源使用和能源对普通人、普通企业及他们所居住的国家造成的威胁都轻描淡写。他们说，像比特币能源消耗指数这样的网站夸大了用电量，比特币开采并不比传统金融更贵，开采只是使用其他用户不需要的剩余电力，无论如何，开采是一种有益的活动，会给主办地带来繁荣。可悲的是，几乎没有证据支持他们的说法，在美国部分地区，很明显，第三种说法——采矿只使用剩余电力——实际上是不真实的。

但即使比特币矿商的说法属实，比特币的电力供应仍将完全依赖政府，无论是以何种方式，它绝不能免受政府权力的影响。比特币对电力的需求是它的致命弱点。

图1-11 《比特币对电力的需求是它的"致命弱点"》文章节选

第8讲 比特币就是区块链吗？

我们这本书的名字是"区块链通识课50讲"，学过前面几讲之后，可能你会有点疑惑，为什么还没讲"什么是区块链"，却偏偏要花很大篇幅先讲比特币呢？

或许，很多人是"先闻比特币，再知区块链"的。毕竟，比特币早在十多年前就出现了，而"区块链"这个词是最近这几年才被广泛提起。新闻媒体对比特币的报道远远早于区块链，如果现在打开百度搜索，你会发现，比特币的搜索指数要远高于区块链。从大家都有所了解、有所认知的事物讲起，更容易引起大家的兴趣。

但更重要的，也是很多业界人士形成共识的是：区块链是基于比特币而诞生的，而且区块链的后期发展也得益于社会对比特币不断高涨的关注。因此，有种说法是：不谈比特币，何谈区块链？

前面第4讲里，我们提到了中本聪创立比特币所发表的白皮书，而在这篇白皮书的文字里，根本就没有"区块链（Blockchain）"这个词。白皮书中提到"区块（Block）"67次，"链（chain）"27次，但是提到"区块链"的次数是0。在比特币诞生时，确实还没有区块链概念。在比特币问世以后，市面上陆续出现了各种各样的山寨比特币系统，为了将这些系统抽象成一个总体的概念，人们就约定俗成地造出了一个新单词——Blockchain（区块链）。

那么，区块链的核心要素是如何在比特币的设计和运行过程中得以体现的呢？

首先，在比特币系统设计中，有两个机制很关键：一个是奖励机制，一个是竞争机制。所有参与比特币挖矿的人，也就是参与破解比特币计算难题的人，理论上都可以得到报酬，每算出一个符合要求的数字，就相当于挖到了若干个比特币。谁都可以去算，绝对公平；谁也无法作弊，因为算法本质上就是一个个数字去凑，凑出一个算一个。但谁先算出来结果，谁算得最准确，也就是谁的贡献更大，这个报酬就是谁的。

其次，比特币系统去中心化的分布式账本的设计也非常精妙。在比特币的系统中，最重要的并不是"币"的概念，而是一个没有中心存储机构的"账本"的概念，"币"只是在这个账本上使用的记账单位。所有比特币生产和流通的信息，不是记在某一台服务器上的，而是记在所有参与这个解密游戏玩家的电脑中，一人一份，记账最快最好的人，系统会把他记录的内容写到账本，并将这段时间内的账本内容发给系统内其他人进行备份。这样，系统中的每个人都有了一本完整的账本，没有人可以同时修改每个人的账本，所以这个账本在理论上几乎是无法被篡改的。

无论是奖励和竞争机制，还是去中心化，比特币系统设计都为日后区块链技术的发展奠定了坚实基础。所以，"不谈比特币，何谈区块链"这个说法并不为过。

如果我们用比较严谨的语言去试着描述区块链，其本质上是一种去中心化的分布式账本数据库。它融合了密码学、经济学、博弈论等，来保证已有数据不可能被篡改，无须中心化代理，点对点直接交互，使得高效率、大规模、无中心化的信息交互方式成为可能。

但是，这里要强调的一点是，比特币的区块链技术并不等于区块链技术。比特币的区块链技术毕竟只是当初为比特币体系而量身定制的。你可以把比特币所运用到的区块链技术看作区块链技术的一个子集。

所谓"青出于蓝而胜于蓝"，区块链的作用可不只是产生比特币那么简单。作为一部"制造信用的机器"，区块链具有匿名性、去中心化、公开透明等特点，而且其内容不可篡改，全球联通，成本低。随着区块链技术的不断成熟和逐步完善，区块链行业加速应用，从数字货币向金融和其他领域渗透，与各行各业进行着创新式的融合。

例如，在档案管理、专利保护等社会管理领域，在物品溯源、防伪等物联网领域，以及慈善捐款等公益领域，都可以利用区块链信息公开透明、不可篡改的特性，对已有业务进行改造升级；在交易结算清算、数字票据、银行征信管理等金融服务领域，更是可以很好地发挥区块链技术使用成本低、不可篡改的优势，提高运行效率，降低安全风险。

从现有技术发展的状况看，区块链应用主要集中在以下三大类别。

第一类，加密数字货币。加密数字货币主要充当了区块链资产领域的"交换媒介"，目前市面上除了最先发行的比特币外，还有以太币、瑞波币等多种加密数字货币。日本等国已经承认加密数字货币的合规身份，但在我国依然处于管控限制当中。

第二类，开发平台。建立技术平台，用于满足各种区块链应用开发，可以降低在区块链上开发应用的门槛，让开发者在区块链上直接发行数字资产、编写智能合约等。最知名的案例是以太坊，自2015年创立以来，以太坊拥有25万名开发人员，截至2019年12月，在以太坊平台上，已经部署了超过20万个智能合约。

第三类，应用场景（见图1-12）。如今，区块链技术在金融、游戏、社交、知识产权、医疗健康、商品防伪、食品安全、公益、社会救助等多个领域的应用都有了明显增长。举个简单的例子。2018年年底，支付宝上线了一项互助计划——"相互宝"，它和市面上的保险产品最大的不同在于，"相互宝"借助区块链技术，保证了每一期互助的资金、信息都会被记录上链，公开且不可篡改，让"相互宝"每一笔资金的流动都变得透明，让用户的每一次费用分摊都变得有据可查。不到半年的时间，"相互宝"成员数就已经超过5000万人，成为全球最大的互助社群。

有人说，区块链能像互联网一样改变世界，但客观上看，区块链仍然处于发展的初级阶段，在技术和规则上需要进一步开拓。但不可否认的是，区块链远比我们想象的要强大得多。区块链究竟会将人类带向何方，是一件非常值得期待的事情。

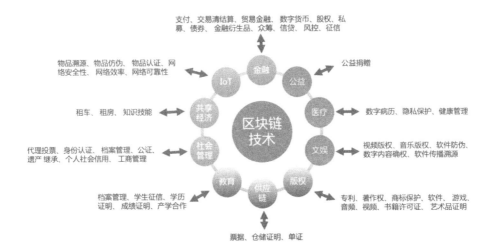

图1-12 区块链技术的应用场景

我们简单总结一下：第一，区块链是比特币原创的核心技术，在比特币被发明之前，世界上并不存在区块链的概念；第二，比特币发明之后，很多人参考比特币的系统设计，特别是涉及区块和链的系统设计，使用类似的技术实现了各种新的应用，这类技术统称为区块链技术；第三，借助区块链技术，不只能够产生比特币，它的应用场景非常广泛，未来将和各行各业创新融合。

希望通过以上介绍，能让你更清楚地了解比特币和区块链的关系，后面的章节中，我们会着重对区块链技术本身做更为详细的讲解。

最后，留一道思考题：如果离开了比特币，区块链是不是会变得一文不值？

延伸阅读：

比特币是区块链技术的首个成功应用？

以下内容节选自2019年11月11日《新华日报》刊文《比特币：区块链技术首个成功应用》：

比特币（Bitcoin），无疑是近年来最热门的话题之一。它究竟是未来货币发展的必然趋势，还是疯狂炒作的又一颗"郁金香球茎"？

首先，比特币不是任何有形的货币，它的生产和运行基于互联网，是一种开源形式的P2P（Peer to Peer）数字"货币"。不同于人类早期的因其自然属性而选择的金银货币，也不同于近100年来人们习以为常的法币（Fiat Money）——由国家法律和主权信用支撑的纸币，比特币完全诞生于现代科技互联网时代。

其次，比特币是区块链技术的第一个成功应用。传统金融体系的交易记录都被保存在银行中心的数据库中，而区块链则是比特币的账本，任何时刻产生的比特币的所有权及交易记录，都记录在区块链账本中。任何人只要下载了客户端，就能接收相关信息。

比特币的地址、私钥类似于个人账户与支付密码。个人拥有的比特币被锁定在个人地址上，只有运用私钥才能解锁并发往别的地址，实现交易。交易过程中会向全网发送一份账单，其他用户会对其校验，一旦通过验证，交易行为就成功了。第一个校验出这笔交易是否有效的用户，会被奖励一笔比特币。这笔奖励的比特币分为两部分：一部分是交易的手续费，这部分由转账者支付，是系统中已经存在的比特币；另一部分则是系统新生成的比特币奖励。计算机的算力越大，越有可能得到比特币奖励。所谓的"矿工"就是专门进行验证交易信息并更新记录的人。

|第 2 章| 区块链到底是什么

第 9 讲　为什么说区块链是一部"信任的机器"？

2008年，金融危机席卷全球，一大批知名的金融投资公司纷纷倒闭，美国五大投资银行中的三家不是被收购，就是破产，其中包括著名的雷曼兄弟。时任美联储主席的格林斯潘认为，这次金融危机是百年一遇的。就在此次金融危机中，仿佛是昼夜交替的一道曙光，比特币诞生了。

从比特币诞生到现在，已经过去了12年。在这12年间，比特币的总市值曾经最高达到3200亿美元，逼近阿里巴巴或腾讯的总市值。

不得不让人惊叹，比特币蕴含着如此强大的能量！

作为一种电子货币，比特币并不是人类的第一次尝试。但比特币却在无人监管、没有政府和大公司扶持的情况下，一路走到了今天，究其原因，在于比特币使用了一种名为"区块链"的技术。

说起电子货币，不得不提到一个被称为"赛博朋克"的组织。这个组织的成员大都是数学家、程序员和密码学家。

大卫·乔姆是"赛博朋克"的教父级人物，作为一名密码学家，他在1990年创建了数字现金公司，创造出了eCash，但是推广却处处碰壁，不仅被银行和商家排斥，更是讨不到普通消费者的欢心。7年后，另一位英国的密码学家亚当·贝克发明了哈希现金（HashCash），他在其中使用了工作量证明。什么是工作量证明？大家不要担心，本书后面会详细讲解。

同一年，哈伯和斯托尼塔提出了使用时间戳来做安全保障，用时间戳对创建出的文件做排序，文件创建后其时间戳不能改动，从而使得文件不能被篡改。1998年，戴伟发明了B-money，B-money综合了前者的经验，不仅交易记录不可更改，而且每位交易者都可以对交易实现跟踪。

这些电子货币存在的最大问题是没有形成一个可以自我繁衍的生态圈。比特币在前人的基础上，借鉴了工作量证明、时间戳和可跟踪的交易记录等区块链技术，让"矿工"可以通过挖矿为交易进行打包，从而获得奖励。

正是因为使用了区块链技术，比特币才得以区别于之前所有的电子货币。比特币作为区块链最早的载体，也扩大了区块链技术的影响力。

但是自从2008年诞生以来，比特币的光芒一直掩盖着区块链，直到2015年《经济学人》杂志敏锐地察觉到了区块链是真正的价值网络，发表了一篇《信任机器》的文章（见图2-1），才使得区块链技术进入大众视野。

图2-1 《经济学人》杂志发表封面文章《信任机器》

互联网诞生于1969年，自其诞生，经历了电脑时代的互联网和移动互联网两个时代。现在的人们已经习惯了掏出手机聊天、看新闻、买东西，在网络中传递的信息代替了面对面的交流。虽然经过了半个世纪的发展，这种模式从简单变复杂，从一维到多维，但本质上仍然是信息网络。就像生活中假如碰到了纠纷，个人和公司会选择法院，以法律的形式解决。假如在信息网络中碰到了纠纷，比如买到了假货、被侵权了，此时就必须也有一个和生活中类似的、能起到仲裁作用的机构来主持公道。因为买家和卖家之间相互不信任，所以诞生了第三方支付机构；版权问题僵持不下，就出现了互联网法庭。当网络的功能变得越来越丰富，就可能碰到各种各样的纠纷和问题，因此就必须对应不同的场景，组建各种不同的第三方机构。这其实就是过去半个世纪，互联网发展的轨迹。

区块链的出现，改变了这一切。

区块链存在的首要意义是通过共识，将双方达成的内容固定下来，谁也无法更改。因为不需要第三方来背书，交易的安全性由区块链来保障，交易双方之间可以自由地进行价值转移。

世界最大的社交网络脸谱网（Facebook）发布了属于自己的、基于区块链的电子货币，该货币会和法定货币绑定。脸谱网现在的用户规模已经接近30亿人，假设这么多用户在全球旅行时，都可以使用脸谱币消费，那么其创始人扎克伯格将不仅拥有世界最大的社交网络，也会拥有最大的价值网络。扎克伯格创造出来的社交帝国，人口和面积超过了人类历史上所有的大帝国。假如这个新计划能成功，在他的新帝国之内，还将实现货币统一。大概只有两千多年前统一中国，实现车同轨、书同文、统一货币的秦始皇能够和扎克伯格媲美了。

在国际贸易中，交易双方都是经济体量很大的国家和公司，相互提高关税打贸易战，近些年越来越常见。这种情况下，再想找第三方来做担保就很难了。不仅如此，国家之间的贸易战还会演变为双方的口水战。美国福克斯电视台的崔西·里根和中国国际电视台的刘欣因为中美之间的贸易战，已经在电视上较量过一回了。后来，崔西又向刘欣下了战书，还想再"较量"一次。

虽然中国和大洋彼岸美国的贸易战打得火热，在欧亚大陆的"一带一路"倡议却推进得比较顺利。意大利不顾美国的劝阻，加入中国提出的"一带一路"倡议。因为意大利是G7中第一个加入该计划的国家，影响力不小，可把美国政府气坏了。"一带一路"合作要串联起几十个国家，涉及了世界上所有的宗教和最具多样性的经济体，合作难度可想而知。

　　"一带一路"相关国家之间的国际货币结算广泛采用美元，因此不但成本高，还容易遭受一系列风险，包括汇率波动风险、信用风险和贬值风险。假如能使用区块链作为跨境结算的手段，不仅可以避免这些风险，还能降低成本。所以，已经有许多智库在研究相应的方案，可因为场景本身的复杂性，目前还没有一家机构能拿出一套成熟的方案，但非常值得期待。

　　说了这些大公司和国际贸易问题，大家千万不要觉得区块链是高高在上的东西，其实它离普通人的生活并不遥远。淘宝和京东已经在网购中采用了区块链技术，如凡是在比利时钻石旗舰店购买钻石的顾客，都可以凭借二维码，查看钻石的原产地和运输信息；除了钻石，还可以查看奶粉、化妆品等多种商品信息。你也可以试着使用搜索引擎搜索一下区块链都有什么应用，相信搜出来的结果一定会让你惊讶。

　　希望通过本讲，你能了解一个最基础的原理：传递信任是区块链技术的关键要素。

延伸阅读：

赛博朋克（Cypherpunk）

　　20世纪80年代末开始，"赛博朋克"潮流悄然兴起，参与者是一批神秘的"极客天才"，他们提倡大规模使用强加密算法，来保护自身基本自由免受攻击，同时反对任何政府规则的密码系统。

　　该联盟没有正式的领导阶层，一般通过加密邮件列表进行联系。邮件组早期成员包括"维基解密"创始人Julian Assange、BT下载之父Bram Cohen、Facebook的联合创始人Sean Parker、万维网发明者Tim Berners-Lee、智能合约概念提出者Nick Szabo等，中本聪也是其中一员。

　　比特币"白皮书"最早就是在"赛博朋克"邮件列表上发布的。在比特币出现之前，"赛博朋克"内成员至少讨论及发表过十种以上类似的加密数字货币及支付系统，如E-cash、B-money等。因此，"赛博朋克"运动也被很多业内人士看作比特币与区块链技术和文化产生的根源。

第10讲 人手一册的区块链账本是什么东西?

我们在前一讲中,介绍了区块链的起源,并且知道了区块链区别于传统互联网的地方在于:区块链是价值网络,传统互联网是信息网络。那么,区块链之所以能成为价值网络,其原因是什么呢?

当中国的网络电商刚刚起步的时候,电商平台上存在三种角色:平台方、卖家和买家。假如买家看中了一部最新上市的手机,想从卖家处购买,此时问题就来了。一部最新上市的手机往往价格不菲,买家会担心把钱转给了卖家,卖家没有发货,却谎称发货了,这该怎么办?同样地,卖家也会担心,假如买家收到了手机,却谎称没收到货,该怎么办?买家和卖家之间存在一个很严重的信任问题,如果不解决这个问题,电商平台的交易根本无法进行下去。

淘宝借鉴了现实生活中的第三方担保人,创建了支付宝。有了支付宝之后,买卖流程变成了下面这个样子:

(1)买家先将钱付给支付宝;

(2)支付宝通知卖家发货,逾期不发货,钱就会退给买家;

(3)支付宝通知买家收货,逾期不收货,钱仍然会转移给卖家;

(4)假如买家真的没有收到货,或是收到的东西有问题,可以向支付宝申请调解,由电商平台解决纠纷。

支付宝的出现,完美地解决了买家和卖家互相不信任的问题,淘宝和天猫在2018年的总成交额接近五万亿元,所有这些交易都是通过支付宝完成的。支付宝扮演的角色越来越重要,所以在2011年,阿里巴巴集团就将支付宝单独拆分了出来,成立了蚂蚁金服,专门负责支付宝的一切日常业务。

插句题外话,这也是因为中国人民银行当时出台了《支付清算组织管理办法》,规定只有内资公司才能获得支付牌照。毕竟,这是从国家安全的角度考虑,假如外资控制了中国的支付系统,对中国金融的潜在影响是巨大的。而此时的阿里巴巴已经上市了,大股东软银和雅虎都是海外公司。马云在未取得股东意见的情况下,就将支付宝的优质股份转移给了子公司,引发了一场轩然大波。

支付宝如此大的资金流量,不可避免地带来了安全问题。每天都有人琢磨如何攻破支付宝的防御,盗走里面的资金。为此,支付宝投入巨资,研发了风险引擎。马云说过一句话："你敢付，我敢赔。"支付宝甚至还推出了最高赔付100万元的口号。

在双十一期间，由于海量支付订单涌入，支付宝的压力是巨大的。因为买家的数量是数亿级别的，而支付宝只有一个。支付宝不得不继续投入资金，提高系统的峰值处理能力。若处理能力不足，就会导致系统死机。

可以说，支付宝就是一个典型的中心化系统，它会受到股东的限制，存在安全性隐患和性能要求。支付宝把所有人的交易都汇总起来，由支付宝一家来处理，它实际上成了一个特别大的账本，上面记录了所有人的转账信息。

如果由区块链账本代替支付宝的账本，会发生什么呢？

区块链账本区别于支付宝账本的最大不同，是每个买家和卖家的手里都有一份完整的交易记录。谁都有在区块链账本上记录的权利，但是只有经过大家同意之后，才能在账本上记录。

假如买家还是想买一部手机，他将钱转给卖家后，会经过网络向其他买家和卖家通知：我把钱转给了××。就像是在一个大集市上，有人大声喊了一嗓子："李四收了我100元钱，谁帮我记账可以收红包。"听到这句话的人，为了抢红包，纷纷拿出小账本，都想将这笔交易记录下来。但是这么多人听到了，到底由谁来记录呢？如果按照谁最先写下来谁得红包的规则，肯定是站得近的人最先听到，他的优势最大，对离得远的人非常不公平。

因此，以比特币为例，比特币在设计由谁记账这个环节时，每个参与记账的人还要参与一个"有奖竞猜"的环节。有奖竞猜是这样的，大声喊了一嗓子的人，还会出一道数字竞猜题。大家听到了他的喊声，只有猜出数字，才有权利记账并拿到红包。因为猜数字要耗费相当长的时间，喊声的传播时间与其相比很短，可以忽略不计，这样就能保证所有人记账权利的公平了。

在真实的区块链里，不会只要听到有人喊了一嗓子，大家就开始做猜数字抢红包的游戏，万一同时有好多人都大喊起来，到底记谁的账也会是个问题。所以区块链采取的方法是：每隔一段时间，对这个时间段里的所有转账信息做一次统一的记账，由系统来出猜数字的题目，红包也由系统来发。

第一个将交易信息记录下来的人，不仅可以领到价值不菲的红包奖励，其他没有猜中答案的人，必须按照答对的人的记录，来将这个时间段内的交易记录在自己的账本上。

因此，每隔一段时间，每个人的账本都会多出一块信息。时间越长，信息块就会越多，而且每个信息块都包含有时间信息，是按照从老到新排列的。如此一来，每个人的账本不仅一模一样，还都是像时间链一样的结构。所以中本聪给这种账本起的名字叫作"区块链"。

假设有人要更改最新的区块记录，因为其他人都记录了该笔信息，大家就会发现异常，纷纷拿出自己的小账本。一比较，发现就这一份记录不一样，因此可以判断，该记录一定是经过篡改的。大家哈哈一笑，收起各自的账本，纷纷投入下一道猜数字抢红包的题目中去了。

通常认为，只要区块的长度达到了6个以上，想要逆转区块链上的记录就不可能了。假如此时有卖家声称没有收到买家的转账，周围的人一查账本，发现上面明明写着，某月某日买家向卖家转了多少钱，所以想赖账是根本不可能的。

因此，人手一册的区块链和支付宝相比，支付宝是单一且中心化的，买家和卖家都要围着支付宝转。区块链却是去中心化的一套系统，充分体现了"我为人人、人人为我"的理念。去中心化是区块链最重要的特性。

另外，由于账目在每个人的账本上都是一样的，想要通过篡改账本来赖账是根本不可能的。不可篡改性是区块链第二个重要的特性。

希望通过本讲，大家能了解区块链是通过分布式数据存储的"大账本"，构建了一个去中心化的、无法随意更改的数据库。

那么，既然区块链只是一个"大账本"，这个账本会给我们带来什么呢？为什么大家对它这么热衷？为什么很多人声称区块链可以改变世界？这些问题我们将在后面讲解。

延伸阅读：

从历史看人类记账方式的演变

从技术上来讲，区块链是一种分布式的记账方法。

说到记账，我们经历了从实物记账向电子记账的演变。如图2-2所示，实物记账分别经过泥板标记、甲骨刻字、竹板刻书、布帛记账和纸质账本五阶段。20世纪60年代，半导体微处理器的诞生和打孔计算机的出现，代表着记账进入了电子化时代。20世纪70年代，随着IBM引领的大型计算机深入渗透至金融行业，7×24小时的批处理替代了朝九晚五的人工记账。20世纪80年代至90年代，个人PC和局域网的发展，实现了内部协同和远程服务。直到21世纪初随着互联网的兴起，无国界的跨境业务开始繁荣。随着梦网、3G、4G的代际跃迁，我们进入移动金融时代，开始用智能手机管理自己的电子银行。

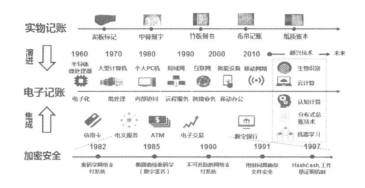

图2-2　记账方式的演变

与此同时，加密安全技术在20世纪80年代至21世纪初，也得到了广泛发展。其中的哈希加密、椭圆曲线密码学、HashCash工作量证明机制及P2P网络后来的发展，为区块链（也叫分布式总账技术）奠定了坚实的技术基础。

（摘自腾讯研究院《一文了解区块链的产业生态现状》）

第11讲　每天烧掉上千万的算力大战到底在争什么？

在上一讲中，我们介绍了区块链实际上是分布式的账本，记账员会参与猜数字抢红包的游戏，谁猜中了数字谁就可以记账并且领红包。

假设有一家超级有钱、又有人脉的公司，收买了大多数的记账员，也就是最低51%的比例。当发现最新的区块信息不同时，大家还是纷纷掏出各自的小账本，被收买的记账员账本上记录了同样的假信息。这种情况下，这条假信息就会变成真信息，其他没被收买的记账员不得不更改自己之前的记录。

既然如此，区块链还安全吗？大家不必担心。国际足联之前就爆出过世界杯候选国向评委行贿的丑闻。这是因为评委的数量并不多，并且成功举办世界杯带来的经济收益远远高于行贿的钱，所以该国甘愿冒被检举的风险，有动力私下去行贿。

区块链是如何避免弄假成真的呢？以比特币为例，比特币的记账员，也就是矿工，数量达到了几十万，这些人分布在各个国家，如果要收买其中51%的人，不仅联络的成本非常高，非常耗时，还要花费一笔相当大数额的资金。所以当有人动了收买矿工的念头时，他就会计算一下收益和付出，究竟哪个更大。

比特币系统的发明人中本聪也想到了这个问题，所以他让系统出的那道猜数字的题目特别难，无形中增加了矿工的成本。因为矿工在一定时间内能做出的猜测是有限的（能猜多少个数称为矿工的计算能力，简称算力），并且由于比特币的数目有限，能被挖出的比特币越来越少，这道猜数字题目的难度还是波动增加的，这又进一步增加了矿工的成本。所以当有人向矿工行贿时，矿工也会考虑接受贿赂到底划不划算。

中本聪设计的系统保证了收买单个矿工的成本就很高，从而收买大多数的矿工成本更高。所以想要通过收买矿工来随意篡改账本是不可能的。中本聪摸透了人们的心理，凭借利益回报的博弈计算，保障了区块链的安全。

但是因为矿工是由人构成的，凡事不能那么绝对。当猜数字的题目变得越来越难，单个矿工成功挖矿获得奖励也就变得越来越难，矿工的组织就向着更加专业化的方向发展了。个别富豪矿工，购买了更多的挖矿机器，组建了矿场。更多的矿工选择联合起来"抱团取暖"，组成了矿池。

2014年年中，一家名为盖世矿池（Ghash.IO）的组织拥有了全网50%的算力。这是历史上一家矿池算力最接近51%的一次。后来，盖世矿池呼吁矿工们能自发地去小矿池，很多矿工就自发撤离了这个矿池。

不可否认，任何一家矿池所占的算力比例过大都是潜在威胁。如今，世界上最大的十家矿池，有九家是属于中国的。其中特别大的两家，一家是BTC矿池（BTC.COM），另一家是蚂蚁矿池（Antpool），都属于中国一家名叫比特大陆的公司。这两家矿池加起来的算力，可以超过全网算力比例的40%，很多人不由得担心，这是否会对比特币的安全造成影响？

不过，这个问题也可以从反面再来看看。假如比特币的区块链账本被篡改了，最大的怀疑对象就是比特大陆。因为比特币的信用系统被破坏了，比特币的价格就会下跌，比特币矿机价格就会下跌，受损失最大的也是矿机制造巨头比特大陆。所以比特大陆从自身利益考虑，也会维持整个区块链系统的信用价值。

因此，从实际发生危险的角度，51%算力威胁并不大。其实，更大的威胁是发生分叉。那分叉又是怎么回事呢？ 就像到达了一条岔路口，有人坚持往左走，有人坚持往右走。大家意见不统一，就只能分成两拨人，各自前进了。

比特币在发展过程中也碰到过类似的问题。中本聪在一开始设计区块链的时候，是每10分钟产生一个新的账单，也就是区块。每个区块并不大，大概是一首标准MP3歌曲的五分之一，区块中的每笔交易大概占到区块大小的四千分之一，因此比特币区块链的处理能力是每秒处理7笔交易。

随着使用比特币的人越来越多，比特币产生的交易也越来越多，每秒7笔交易的处理能力已经跟不上人们的需求了。

因此人们呼吁，将区块的大小提高32倍。但是这一呼吁并没有在比特币社区内部形成一致的意见，一部分人认为当前的区块大小已经满足使用了，另一部分人则坚持提高区块的容量。就像岔路口前的抉择一样，两派意见导致了群体的分裂，坚持提高容量的人选择新的交易，也就是新的区块链上的交易不能追溯原先区块链上的交易信息。新区块和旧区块水火不同炉，最终导致了硬分叉，产生了一条新的区块链，这条区块链属于比特币现金（BCH）。假如新区块的信息还可以追溯旧区块的信息，就被称为软分叉。

从比特币分叉的历史（见图2-3）来看，硬分叉占到了多数。就在2018年年底，比特币现金阵营又发生了争论，有人认为区块大小提高32倍还是太小了，主张再提高到128倍。此次社区内的分歧比上一次还要大，主张维持区块大小不变的阵营是比特大陆一方。话说回来，即使比特大陆倡议了比特币现金的硬分叉，这回也是有人来搅局了。搅局的人自称"澳大利亚的中本聪"，人们称呼他是"澳本聪"。

图2-3　比特币的不完全分叉史[1]

---

[1] 引自 Bitcoin Market Journal。

在约定的分叉日之前，两派人马各自集结人手，并且联络了一批网络大V各自站台，在网络上进行直播辩论。

澳本聪以先声夺人之势，联络了三家比较大的矿池，算力一度超过了60%。但就在澳本聪以为胜券在握之际，比特大陆从BTC矿池抽调了一半的算力来助阵比特币现金的算力。从凌晨分叉开始，比特大陆凭借强大的算力，从开始领先澳本聪两个区块，一路领先直到天亮，领先了后者16个区块。就像游泳比赛里领先了多少个身位一样，此时澳本聪想要扭转颓势已经万万不可能了。

有机构统计，算力大战期间，比特大陆和澳本聪双方各自一天亏损400多万美元，合计近千万美元。

虽然比特大陆赢得了比特币现金的算力大战，但是后果也很严重。最严重的就是因为临时抽调算力，导致比特币矿池算力骤减，这种单纯比拼算力的做法也对社区产生了负面影响。因此，有人将2018年区块链遇冷归结为这次算力大战，也并不是没有道理的。

听过了区块链的算力大战，有点像武侠小说里的门派之争吧，我猜你一定没想到。后面我还会带来更多有趣的故事，让你领略区块链世界的风起云涌和跌宕起伏。

延伸阅读：

数说BCH和BSV疯狂烧钱的"算力大战"

数字货币疯狂烧钱的"算力大战"如图2-4所示。

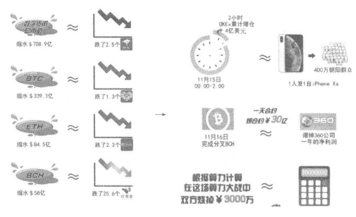

图2-4 算力大战

第12讲　从《九阴真经》到区块链的加密算法

和许多新事物一样，区块链技术是经过了长久的技术积淀，才首先通过比特币来到了世人面前。构成区块链技术最为核心、也是历史最悠久的学科，可能就是密码学了。

现如今，收快递成为一件稀松平常的事情，很多人每年要收几十甚至上百个包裹。双十一销售额每年都刷新纪录，2019年超过了4000亿元，更不用说这几年外卖的兴起，给人们提供了就餐的方便。这些包裹和外卖单都是通过物流公司和快递员，最终到达收货地址。

对于地址，不知道大家有没有思考过其中的学问。所有的收件地址，都是按照一定规则来填写的，一般是省市、区县、街道、门牌号，再加上收件人的名字和联系电话，这一连串信息就能保证快递员将范围逐级缩小，然后将货物准确送到我们手中。现在，国内的网购一般不用填写邮编了，主要是我国的邮编指定的是一片地区，定位精度不够高。英国的邮编和我国有极大不同，英国的每个邮编都能准确定位到每栋建筑，它的规则是城市的字母缩写、区号，最后加上街道的编号，有点像我国给汽车上牌照。

无论是填写收货地址的规则，还是邮编的规则，最终生成的都是一个具有唯一指向的地址。在比特币网络中，每个账户也有一个唯一地址，因此也需要一套对应的规则，这个规则在计算机领域被称为哈希算法，同时也被称为散列算法。哈希算法的目的就是通过一套规则，生成一个具有固定长度的结果。这个结果被称为哈希值。

就像从公司去机场可以开车、坐出租车、坐地铁，对于一个生成哈希值的任务，也存在多种可行的哈希算法。那么应该选择哪种哈希算法呢？好的哈希算法要具备如下三个特点：

（1）必须能快速计算出结果，但是倒推困难。

（2）只要原始内容发生一点变化，哈希值的变化就很大。

（3）不同的原始内容很难得到相同的哈希值。

要满足这三点要求，可用的哈希算法其实就不多了。尤其是第一条，随着计算能力的不断提高，破解哈希算法变得相对容易了，破解时间也缩短了。

比特币在生成账户地址时，使用的哈希算法是SHA-256，SHA是安全哈希算法的英文字母缩写，是由美国国家安全局研发的（没错，就是在"棱镜门"事件中斯诺登工作的部门），256是其在该系列算法中的代号。

具备了这三个特点的哈希算法，算出来的哈希值在一定程度上具备了原始内容的特征，因此也可以被称为"指纹"。就像人的指纹可以用来解锁手机一样，哈希值也可以用来对原始内容进行识别。

但是，这仅仅是针对一块数据的哈希计算，对于比特币这种超级区块链，它的区块总数马上就要超过60万了。对于如此大量的数据，如果直接对原始数据做哈希运算，再进行比较，会耗费很长时间。

在《红楼梦》中，曹雪芹通过贾、史、王、薛四大家族的故事，展现了人生百态。《红楼梦》中出场人物近千，读者很容易就被错综复杂的人物关系搞糊涂了，但是却不难记住这四大家族的姓氏是贾、史、王、薛。因为在大家庭中长大，除了有父母，还有许多亲戚，贾宝玉和贾琏是堂兄弟，贾宝玉和薛蟠是表兄弟，所有的亲人关系构成了一个大族谱。假如在一个家族中，每一对夫妻只生一个孩子，再将这张族谱倒过来，也就是将子女放在上边，父母放在下边，所得到的"金字塔"就具有了默克尔树（见图2-5）的形状。

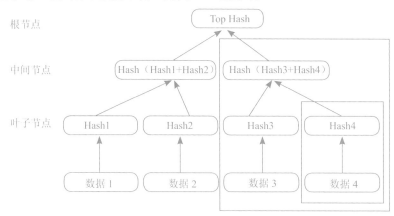

图2-5　默克尔树结构

就像在族谱中的距离可以表示血缘关系的远近，默克尔树最大的优点是可以大大减少数据的传输量以及计算的复杂程度：只要有一个区块的内容发生了变化，最顶部的哈希值就会发生变化，就可以判断两棵默克尔树是相同还是不同，从而判断这两棵树所对应的数据相同或不同。使用默克尔树，可以快速对数据做完整性验证。比特币在支付过程中就使用了默克尔树的原理。

区块链作为一种复杂技术，为了防止从账户地址倒推原始内容，除了要使用哈希算法，还要使用加密手段。

在小说《射雕英雄传》中，《九阴真经》就是被加密过的，加密的方法是先将梵语翻译成汉语，再用汉语将读音标注出来。因此只有懂得这两种语言的人才能破解经文。虽然经过华山论剑一番争斗，全真派得到了《九阴真经》，但是没人能破解。最后是郭靖将古怪绕口的经文强行背了下来，机缘巧合之下，通过一灯大师将它破解的。

给《九阴真经》加密的方法，在密码学中被称为加密算法。仅仅有加密算法，对原文的保护力度还不够。如果使用特定的工具才能操作加密算法，就像必须用钥匙才能打开锁一样，加密的等级又可以得到提高。类似地，密码学中使用的"工具"就是秘钥。在钥匙和锁的例子中，上锁和开锁使用的钥匙相同，这就是典型的对称加密。除此之外，旅行箱上使用的一种锁叫海关锁，我们可以使用自己的钥匙锁上箱子，海关人员却可以利用海关钥匙打开和锁上所有人的旅行箱。自己的钥匙在密码学中称为私钥，海关人员的钥匙被称为公钥，开箱和锁箱的过程称为非对称加密。比特币密码学中的私钥和公钥要远比这个例子复杂，最重要的区别是，公钥是通过私钥生成的。

正如海关锁的例子，私钥和公钥都可以对消息进行加密，也可以彼此解密。也就是说，一对私钥和公钥，用私钥加密之后可以用公钥解密，用公钥加密之后也可以用私钥解密。

按照字面意思也很好理解，私钥肯定就是只能让自己一个人知道，而公钥是可以告诉别人的。

此时，假如我们想要对一段消息加密，如果是用私钥加密的，那么理论上所有拿到和私钥对应的公钥的人，都可以将消息解密。所以，用私钥进行加密是没有实际意义的。要对消息进行加密，就一定要使用公钥进行加密，当加密内容传到了正确的人手中，自然就可以用私钥解密了。

那么，私钥加密的意义是什么呢？因为私钥是只有真正的主人才知道，假如我用自己的私钥对一个文件进行了加密，只要有人能用公钥将这个文件解密成功，他就能判断对文件加密的人一定是我。这种情况下，用来加密的私钥就可以作为签名来使用，可以用来判断某个用户的身份。就像家里的大门钥匙，家庭成员每人都有一把，只要能用钥匙将门打开（当然不包括特工使用的特殊钥匙），肯定就是一家人。

讲到现在，我们已经知道了区块是什么，区块链是什么，也知道了区块链是如何通过加密手段去提高安全性的。那么，究竟是什么将它们串联起来，并保持正常运转的呢？下一讲将详细讲解。

延伸阅读：

如何使用公钥和私钥传输信息

如图2-6所示，甲乙之间使用非对称加密的方式，完成了重要信息的安全传输，工作原理如下：

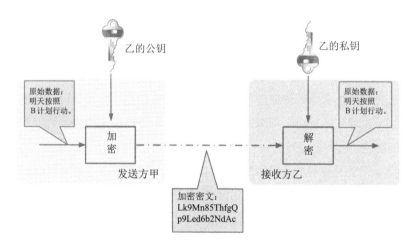

图2-6 非对称加密工作原理

（1）乙方生成一对密钥（公钥和私钥）并将公钥向其他方公开。

（2）得到该公钥的甲方使用该密钥对机密信息进行加密后再发送给乙方。

（3）乙方再用自己保存的另一把专用密钥（私钥）对加密后的信息进行解密。乙方只能用其专用密钥（私钥）解密由对应的公钥加密后的信息。

在传输过程中，即使攻击者截获了传输的密文，并得到了乙的公钥，也无法破解密文，因为只有乙的私钥才能解密。同样，如果乙要回复加密信息给甲，那么需要甲先公布甲的公钥给乙用于加密，甲自己保存甲的私钥用于解密。

第 13 讲　大话区块链的共识机制（上）

在比特币的区块链中，由谁来记录区块信息非常重要，因为这涉及区块的生成和新比特币的开采。由于负责记录的人会获得丰厚的奖励，所以矿工之间就必须达成一个共识。

共识问题自古以来就是困扰人类的难题之一。

在计算机学界，存在一个所谓的"中国将军问题"，也被称为"两军问题"，它是这么描述的：两支驻扎在不同地点的军队分别由一名将军指挥，并且两个将军必须通过传令兵传递消息，才能达成共同进攻或撤退的决定。只有两军合力才可以战胜敌人，否则只有失败或撤退。但问题出在传令兵上，一方派往另一方的传令兵可能永远到达不了：一种可能是被敌军捉住，另一种可能是被险恶的地形困住。因此，除非是巧合，这两位将军是不可能达成一致的。他们二人只能凭借对另一人战略战术的了解做猜测，才能做出决定。

关于猜测，刘慈欣在科幻小说《三体》中也分析了宇宙文明间存在的猜疑链。他通过主人公逻辑，阐述了宇宙的两条公理：生存是文明的第一需要；文明不断增长和扩张，但宇宙中的物质总量保持不变。然后又道出了宇宙的秘密：宇宙就是一片黑暗森林，每个文明都是潜行于林间的持枪猎人。林中到处是这样的猎人，如果一个文明发现了另外一个文明，他只有一个选择——将其消灭。

为什么宇宙的秘密如此黑暗呢？咱们可以假想一个最基本的模型：假设地球探测到火星内部有一个高度发达的文明，在没有交流之前，我们是无法判断火星人是否具有善意的。假如人类向这个文明发出了邀请函，收到邀请函的火星文明同样也会犯难，他们也无法判断地球人是否真的怀有善意。这样在两者之间就形成了猜疑链，无法形成信任。

猜疑链正是阻挡双方达成合作共识的罪魁祸首。双方彼此之间的猜测是一个典型的博弈过程，双方都想将自己的利益最大化，结果造成任何一方都会成为猎物。

大名鼎鼎的冯·诺依曼是博弈论的创始人之一，他不仅研究博弈论，也是现代计算机结构的发明人，同时也是一位卓越的数学家，还参与过曼哈顿工程，研究过原子弹。后人在冯·诺依曼的理论基础上开发出了多种模型，其中之一是广为流传的"囚徒困境":两名犯人接受隔离审问,犯人被告知,如果一人坦白,另一人不坦白,坦白的人就会无罪释放,不坦白的人就判5年;两人都坦白,各判3年;两人都不坦白,各判1年。如果设身处地从一名囚犯的角度进行考虑:他的判决结果完全取决于另一人是否坦白,如果另一人选择坦白,他为了避免5年的最大惩罚,最好也选择坦白;如果另一人不坦白,那么为了能无罪释放,最好也选择坦白。两名囚犯都这么思考,结果两人都轻易坦白了。这就是典型的存在猜疑的情况下,个人的理性选择导致了集体的非理性。

图灵奖得主莱斯利·兰伯特受到了"两军问题"的启发,又编了一个"拜占庭将军问题"(见图2-7)的故事:

拜占庭帝国是东罗马帝国的别称,因为首都君士坦丁堡位于希腊城邦拜占庭的旧址,所以又被称为拜占庭帝国。帝国后期内乱不断,一群将军领兵围困了一座敌城。与"两军问题"类似,他们也必须靠传令兵传递信息,才能达成统一的行动:要么一起进攻,要么一起撤退。假设传令兵一定能将信息送达,但是将军中可能存在一个或多个叛徒,叛徒会派传令兵发送假信息,从而人为地制造猜疑。叛徒向其他将军发送的信息是不一样的,有进攻的提议,也有撤退的提议,这时不能达成一致的错误叫作"拜占庭错误"。如果叛徒发送了假信息,传令系统仍能达成一致性,则称该系统具备"拜占庭容错"。

"拜占庭将军问题"在不同条件下,是否存在方法能够破解猜疑和信任的难题呢?

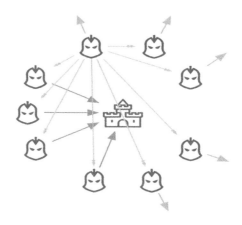

图2-7 "拜占庭将军问题"示意图

总的来说，"拜占庭将军问题"可以分为口头通信和书面通信。

如果采用口头通信，"拜占庭将军问题"有解的条件是叛徒将军的数量不能超过将军总数的三分之一。因为达成共识的原则是少数服从多数，那么最小模型的将军总数是3。假设有3位将军甲、乙、丙，三人中有一人是叛徒：当甲发出"进攻"命令时，乙如果是叛徒，他会告诉丙，他收到的是"撤退"的命令。这时丙收到一个"进攻"，一个"撤退"，于是丙无法判断哪道命令是真的；如果甲是叛徒，他告诉乙"进攻"，告诉丙"撤退"。当丙告诉乙，他收到"撤退"命令时，乙由于从甲收到"进攻"的命令，因此乙是无法判断该如何行动的。

在符合有解的条件下，每位将军只要根据收到的口信，按照多数原则做决策就行了。

如果拜占庭帝国的国王给每个将军发了一个不同的印章，将军们可以利用印章确定通信中的将军身份，将军可以对其他人的印章进行验证。有了这些印章，每位将军分别给其他将军发送书信，并在书信上附上自己盖印；其他将军收信后，附上自己的印章后再发给所有其他将军；最终，每位将军根据收到的书信进行决断。这样就能杜绝叛徒给每个人发送不同的信息。

但是，对于这种书面信息，实物的印章是靠不住的，伪造发生的可能性很高；国王的存在实际上是一个高度可信的第三方，不符合去中心化的特征。因此，最好可以用一个客观的理论代替印章和国王，实现真正的分布式共识。这个理论具备数学公理般牢不可破的特性，比国王更让人信任。

而中本聪所采用的工作量证明（Proof of Work，PoW）就是符合以上客观理论的一种方法。

在前面的讲解中，我们知道了区块链的本质是人手一册的账本，每隔一段时间，就会有人将这段时间内发生的交易都记录下来。比特币的做法是让大家形成共识，都去做一道猜数字抢红包的题目，由猜中的人记录信息，其余的人复制他记录的信息。

因此，比特币的做法是将共识问题转换成了计算能力的问题，谁的计算能力强，就能做出更多的猜测，从而蒙对正确答案的可能性越高。

在现在的区块链系统中，共识机制除了工作量证明，流行的还有权益证明（Proof of Stake，PoS）和权益授权证明（Delegated Proof of Stake，DPoS），下一讲我们来逐一破解。

延伸阅读：

主流共识机制的优势和劣势

图2-8列示了主流共识机制的优势和劣势。

共识机制	优势	劣势
PoW	实现简单 安全可靠 网络资源消耗小	消耗计算资源过多 产生分叉概率较高 共识时间较长
PoS	资源消耗小	实现较为复杂 中间步骤较多，容易产生安全漏洞 网络流量压力大
DPoS	资源消耗小 网络资源消耗小 共识时间短 吞吐量高	实现较为复杂 中间步骤较多，容易产生安全漏洞

图2-8 主流共识机制的优势与劣势

第14讲 大话区块链的共识机制（下）

这一讲会为大家介绍三个流行的共识机制，即工作量证明、权益证明和权益授权证明。

在正式开始之前，我们先一起回顾一下历史。

古希腊的雅典是一个拥有十几万人口的城邦，公民大会是雅典的最高决策机构，当遇到特别重大的事件时，如抵御波斯入侵或和斯巴达开战，雅典所有的成年男子就会齐聚一堂。决策的方式是采用举手或呐喊，如果采用呐喊，可以想象这样的场面：几万名身强力壮的男子，顶着地中海的烈日，随着一声令下，声嘶力竭地呐喊出来。场面肯定非常壮观！

我们常说有理不在声高，但是在古希腊的城邦民主中，嗓门大可真是一件非常占便宜的事情。

后来，罗马帝国统一了欧亚非，将地中海变成了帝国的内湖。罗马虽然照搬了希腊的神话故事，但此时无法按照希腊城邦的方法来进行决策，因为罗马人口达到了四千万，是不可能将所有人都聚集到一个地方的，所以当时的罗马采取了元老院（见图2-9）和人民大会相结合的制度。元老院成员必须是学识和经验丰富的长者，人民大会的代表必须是被选举出来的贵族和平民的代表。

图2-9　古罗马元老院

区块链的发展正好借鉴了以上制度。

比特币的区块链系统所采用的是工作量证明，它比拼的是谁的算力高，或者是哪个矿池的总算力高。在求解未知数的过程中，大家都使足了劲儿，特别像雅典城邦的公民大会上，通过大家喊声的音量来决策。

在第12讲介绍的区块链的加密算法中，我们介绍过SHA-256哈希算法。比特币在做工作量证明时，使用的就是这个哈希算法，具体规则是这样的：对一个区块里的所有信息加上一个特定的数字，然后对这串信息做SHA-256哈希算法，假如计算结果满足挖矿难度，即结果的前四位都是0，那么所加上的这个特定的数字就是要找的数字。这名矿工解答了这一轮的猜数字问题，因此就获得了记账的权利。如果计算结果的前四位不都是0，说明没有找到特定的数字，就得赶紧投入到下一个循环的计算中。

但是工作量证明的问题很多，最被人诟病的就是如果要进行快速的哈希计算，就要使用非常昂贵的硬件，算得越快，消耗电能也越快。因此，为了节省成本，矿场大多位于电力便宜的偏远地区。但是即使如此，批评比特币挖矿消耗了过多能源的声音仍然很大。不能到偏远地区开矿场的人，不惜选择偷电的方式进行挖矿。

看到过一则新闻报道，一位"50后"的常女士曾经在十个月时间里，利用四台比特币矿机盗取将近两万度电，获利六千多元，被公安机关查获后，不仅矿机被没收，被罚一万元，还被判四个月拘役。可谓是惨痛的教训！

如果说工作量证明是凭借力气赚钱，按照多劳多得的原则运行，那么权益证明就是按照"资历加财力"的规则运行的。

古罗马元老院最开始是由各大豪门贵族的家族长老组成的，不仅拥有立法权，也掌管着财政、外交、军事等权力。

2011年，在一个比特币论坛中，一位名为"量子机制"的用户提出一项技术，他称之为权益证明。

权益证明的基础概念是，让每个人互相竞争挖矿是很浪费的。与此相反的是，权益证明通过选举的形式，其中任意节点被随机选择来验证下一个区块。

权益证明中没有矿工，但是有验证者。权益证明并不让人们挖新区块，而是制造新区块。

验证者并不是被完全随机选择的，要成为验证者，节点需要在网络中存入一定数量的货币作为权益，可以将这理解为保证金。

权益的份额大小决定了被选为验证者的概率，从而得以创建下一个区块，这是线性相关的。假设张三存入100美元，李四存入1000美元，那么后者被选为验证者的概率是前者的10倍。

第一个真正使用权益证明的是点点币，它考虑的因素包括币龄、随机化和节点资产，也就是拥有的币的数量。

在基于工作量证明的系统中，矿工的奖励是被挖出的加密货币，而在权益证明的系统中，奖励通常是交易手续费。

最后，我们再来看下权益授权证明。

与古罗马的平民大会相比，权益授权证明和现实世界中的股东治理制度更相似一些。在公司中，股东通过持有公司的股票来获得对公司的治理权，谁持有的股票额度越高，谁拥有的权力就越大。在权益授权证明中，股东的权力被定义为投票权，股东通过投票选出信任的节点，获得票数最多的节点组成委员会。系统的运行就是靠这些超级节点支撑的，超级节点之间并没有互相监督或者投票之类的流程，轮到哪个超级节点记账就谁记账，然后下一个超级节点继续。如果某个超级节点真的干得不行或者犯了错，股东就不会继续把选票投给他，他就不再是超级节点了。这和我国的人民代表大会制度很类似。

同样，也和人大代表换届选举一样，民众并不能因为今天对人大代表不满意，今天就把人大代表换掉，而是要等到下一届换届选举时不选他当人大代表。

因此，在权益授权证明中，即使那些被选出来的超级节点作了恶，就算第一时间被发现了，也没有什么办法阻止错误的事情发生，只能眼睁睁地看着。但是但凡某个超级节点作了恶，他的作恶记录就会被记录在区块链上，不仅再也不能被选为超级节点，他在以后的收益也会大大降低，以此作为惩罚。

介绍完三种主流的共识机制，相信大家都有了一定的理解。我们再来总结一下：工作量证明的原理最为简单，实现也最简单，网络传输只要传递猜出的数字就可以，但缺点是消耗的能源很高，计算速度慢；权益证明和权益授权证明的资源消耗比工作量证明小得多，计算速度也更快，但是实现比较复杂。

最后想补充一点，共识机制其实远不止以上三种，如今已经演化成数十种，甚至上百种。

延伸阅读：

PoS机制发明人谈PoS机制的发明灵感

以下节选自2018年9月20日PoS共识机制发明人Sunny King做客《王峰十问》的对话内容：

王峰：在区块链领域，您有一个响当当的个人标签——PoS（Proof of Stake，权益证明）机制发明人。PoS最早由您在2012年提出，并在Peercoin项目实现了"首秀"，引起业内极大关注。当时《比特币杂志》的一位撰稿人评价您是"唯一一个最具原创精神的数字货币开发者"，这位撰稿人就是刚满18岁的以太坊创始人Vitalik，一年以后，他的以太坊白皮书问世。

6年过去了，今天区块链的从业者已经对PoS机制有了普遍了解。您能否用更加通俗的语言，亲自向我们解释一下PoS机制的工作原理呢？中本聪开启了分布式加密账本的世界，Vitalik以智能合约让区块链不断生枝发芽。在我看来，您则是区块链世界的制度设计者：看到了PoW共识机制的不完善，寻求改革或革命。那么，是什么启发了您提出PoS机制？

Sunny King：通俗地说，一个弱中心化的共识系统需要一个可靠的机制，来决定赋予某一个参与者的决策决定权有多大权重。最朴素的做法是，给每一个参与者完全相同的权重，就像现实生活中的民主选举。但是，互联网是一个开放并且匿名的系统，这样的系统很容易被一些伪造的账号/ID破坏。这就像是一些赝品，对其他所有真诚的参与者都是非常不公平的。

PoW机制是第一个提供了合理评估方式的系统，在这个系统中，一个参与者所获得的权重和它所提供的特定的计算成正比。这种计算可以非常简单地被每一个参与者验证和评估，也被称为"可证明的工作"，使用这种方式，参与者可以简单地向每一个人证明具体的工作量是多少。在实际操作中，这种计算也可以扩展以进行任意大量级的计算。

对比PoW，PoS共识提倡使用系统内的一个价值代币，来度量应该赋予某个参与者决策权的权重值。因此，一个参与者所拥有的代币数量，也叫作权益，可以向其他参与者证明自己实际的贡献量。

一旦系统开始运行，就不可能任意创建或者使用快捷方式代币。代币的创建，还必须遵循一个被称为协议的预设规则，就像比特币协议如何调节比特币的创建一样。

第15讲　公有链、私有链、联盟链，谁才是真正的区块链？

自从2008年区块链诞生以来，人们创造出来的区块链越来越多。还是以比特币为例，只要用户从比特币的官网下载比特币钱包，就可以进行转账操作，还可以在钱包中查看以往所有的交易记录，这样就算加入了比特币的区块链网络。比特币没有设置任何进入门槛，位于世界各地的任何人都可以随意加入和退出。

因此，比特币的去中心化程度是非常高的。像比特币这样的区块链网络，因为对所有人都是公开和透明的，所以被称为公有链。

在区块链中，公有链是开放程度最高，也是去中心化属性最强的。在公有链中，数据的存储、更新、维护、操作都不再依赖于一个中心化的服务器，而是依赖于每一个网络节点，这就意味着公有链上的数据是由全球互联网上成千上万的网络节点共同记录维护的，没有人能够擅自篡改其中的数据。

公有链依赖激励机制的存在。为什么这么说呢？这是因为公有链上的数据是由全体网络节点共同维护的，要想让这些节点能够活跃地参与到系统的维护中，就必须设置一些奖励，来刺激节点参与公有链的构建，这样才能够保证公有链系统的稳定性和不可篡改性。

近年来，公有链的竞争逐渐进入了白热化阶段。比特币诞生于2008年，2013年诞生了以太坊，2017年诞生了EOS。

可是，公有链也存在一些问题。

第一，公有链数据全网公开，这种情况并不适用于所有的行业。试想政府、银行、证券行业怎么可能将内部数据公开呢？

第二，处理交易的速度过慢，比特币和以太坊都存在这个问题。公有链需要全网节点共同参与，由于参与的节点太多，虽然实现了去中心化，但是效率十分低下，严重影响处理交易的速度。比特币区块链的交易处理速度是每秒7笔，以太坊可以提高到每秒几十笔，EOS比前两者快，可以达到每秒几千笔的交易速度。

公有链也很像奥林匹克森林公园，任何人都不需要买票，就可以在公园中散步或跑步。按照开放程度的不同，还存在其他类型的花园，如私人花园和皇家园林。法国总统的居所是爱丽舍宫，平时只有总统才能游览。只有到了法国国庆日和欧洲遗产日，爱丽舍宫才是对外开放的。

假如一家银行想利用区块链的数据账本来记账，肯定希望只有公司的财务人员才能使用，而不希望账本信息可以被任何人看到。像这样的区块链就被称为私有链，就如同皇帝的后花园一样，不是什么人都能随便参观的。

私有链是指权限由某个组织和机构控制的区块链，参与节点的资格会被严格限制。

因为私有链有严格的限制，所以它的去中心化程度是最低的。因为是私有的，并不需要复杂的共识机制来判断由谁来记账，所以私有链技术和以前的数据库技术很像，也因此无论是小公司还是大公司在技术选型时，都会选择更为成熟的旧技术。英国央行和加拿大央行曾经考虑过开发国家层面的区块链系统，只是项目迟迟没能推进。但是巨头公司在区块链领域的开发并没有停止，《福布斯》杂志此前公布了2019年全球区块链50强，在上榜的名单中，基本都是耳熟能详的国际巨头，包括多家国际银行和保险巨头。最引人注目的是万事达卡，这家公司没有采用市面上任何现有的区块链技术，而是准备从头搭建自己的区块链平台，可谓是信心满满。

另外，银行之间还会进行频繁的跨行转账，为了便于跨行交易，我国成立了银联。中国的各家银行可以通过银联进行交易和清算。假如组成联盟的每家银行共享一套区块链平台，每家银行都可以查看账本，也都有记账的权利，但是联盟之外的机构就没有这些权利，像这种只有盟友间公用的区块链被称为联盟链。

2015年9月，包括巴克莱、瑞士信贷、摩根士丹利、高盛、汇丰在内的42家全球知名银行，组成了一个区块链联盟——R3区块链联盟，研究和发展区块链技术在金融业中的应用。这是联盟链的第一次出现。

同公有链和私有链相比，联盟链是目前发展最火爆的。因为联盟链不用耗费很多资源，就解决了公有链交易处理速度过慢的问题，而且通过开放认证的方式允许新会员加入，可以不断将队伍壮大。

在诸多联盟链项目中，由IBM主导的超级账本项目（见图2-10）一骑绝尘：据IBM披露，已有几百个项目落地，其中不乏马士基、沃尔玛、联想、邮储银行这类大型客户，因为其推出比较早，所以技术框架最为成熟。超级账本项目还专门开发了一些小巧方便的案例，只要对计算机知识稍有了解，就能亲手搭建一个区块链网络，还能实现简单的交易功能，满足了不少人对区块链的好奇心。据统计，在所有联盟链项目中，基于超级账本支持的项目就占据了半壁江山。

公有链、私有链和联盟链所组成的世界，好比是一个公共的花园挨着一个私人花园，然后又紧挨着一个会员制的花园。花园之间有高墙阻隔，如果只能在一个花园里转，就算花园的景色再好，也有看烦的一天。如果想去其他花园转转，翻墙肯定是不行的。因此，有公司开发了一种称为"侧链"的技术。

通俗来说，侧链的概念是相对于主链而言的，只要符合"侧链协议"的区块链，都可以成为侧链。例如，想在其他区块链系统中使用比特币，就可以在它们之间建立一个侧链协议，协议建立之后，就可以在新平台中自由使用比特币了。信息的处理是在侧链上进行的，因此就算发生威胁，也不会影响主链的安全。

随着区块链的不断发展，区块链会融入更多的新场景，区块链的形态也会变得越来越多样。

图2-10　超级账本会员（不完全统计）

延伸阅读：

三种形式的区块链对比分析

公有链、私有链、联盟链的比较如图2-11所示。

	公有链	私有链	联盟链
参与者	任何人	个体或组织内部	联盟成员
共识机制	PoW / PoS / DPoS	分布式一致性算法	分布式一致性算法
记账人	所有参与者	自定义	联盟成员协商确定
激励机制	需要	不需要	可选
中心化程度	去中心化	（多）中心化	多中心化
突出特点	信用的自建	透明和可追溯	效率和成本优化
承载能力	3～200 000 笔/秒	1000～100 000 笔/秒	1000～10 000 笔/秒
典型场景	比特币	审计、发行	支付、结算

图2-11　公有链、私有链和联盟链的对比分析

第16讲　如果有了区块链，火烧赤壁的历史将不复存在？

几年前，阿尔法狗先后击败了世界围棋冠军李世石和柯洁，一下子就让大家记住了人工智能。在人工智能的加持下，不仅可以用脸解锁手机，手机上的程序还能猜测我们的喜好，推荐想买的东西、想看的视频和想读的文章。世界好像已经被智能产品占满了，智能电视、智能冰箱、智能洗衣机，就连电饭煲也有智能的。有时候，你会发现，好像人工智能比自己更了解自己。

在区块链中，也有一个东西有"智能"，这就是智能合约。

相信大家对合同都不陌生，因为生活和工作中是不能没有合同的。租房买房要有合同，参加工作要签劳动合同，网购商品的三包协议也是合同。合同的本质，是签署双方事先制定了一套规则，当达成了某个条件，就必须履行合同。

合约跟合同两者有什么区别呢？在中文的语义中，合约强调的是合同的内容，合同则是合约的一层包装。但是如果不做深究，这两者其实是一样的。

其实，智能合约概念的出现比区块链早得多。在人工智能的发展史上，出现过三次热潮和两次低谷，就在第二次热潮期间，计算机学者、密码学家尼克·

萨博在1994年完成了《智能合约》这一论文，首次完整地阐述了什么是智能合约——智能合约是一套以数字形式定义的承诺，包括合约参与方可以在上面执行这些承诺的协议。简单来说，智能合约通过尼克·萨博口中的"承诺"和"执行"，规定了合约的权利和义务，想要获得权利，就必须付出相应的义务。

在比特币还没有产生的20世纪90年代，尼克·萨博产生这样的想法是非常超前的。据他自己讲，是自动售货机给了他灵感。只要售货机检测到顾客给了足够的钱，就会把顾客想要的商品吐出来。尼克·萨博认为，如果在计算机世界中能够推广智能合约，那就可以极大地方便人们的生活。但是超前的理念没有技术实力做后盾，智能合约始终没有成功。尼克·萨博后来还开发了一款名为"比特黄金"的数字货币，同样也没有成功。

比特币的区块链系统还处于区块链的早期，直到以太坊的出现，在区块链上才可以执行更为复杂的功能。20年之后，尼克·萨博的智能合约终于因为区块链才焕发出了真正的价值。这是为什么呢？

解答这个问题之前，我们先来看看传统的合约有什么问题。

《三国演义》家喻户晓，其中一个著名的桥段是火烧赤壁（见图2-12）。赤壁之战最终导致魏蜀吴三分天下，如果曹操取得了胜利，那么整个天下都会属于曹操了。孙刘联军之所以能取胜，在于北方士兵不善水战，船只都用铁索连了起来，才让大火可以一股脑击溃曹操的83万兵马。放火的人是吴军的老将黄盖。"老戏骨"黄盖还和周瑜唱了一出"一个愿打一个愿挨"的苦肉计，然后黄盖派亲信向曹操送去了一封诈降信。黄盖在信中不但将曹操奉承了一番，还说愿意带上粮草和士兵，随船队归降于曹操。吴军中的奸细向曹操密报了黄盖被打确有其事，曹操深信不疑。

但是没想到，就在黄盖归降的当晚，黄盖不但没有带上粮草和士兵，反而在船上装满了引火之物。曹操叫苦不迭，也顾不上派人捉拿黄盖了，只带了数十人逃往了北方。

《三国演义》中的真归降也不在少数，如太史慈归降小霸王孙策、张辽归降曹操、马超归降刘备。

这些真真假假的归降有的是口头的盟约，有的是书面的信件，这些盟约和信件将归降变成了一场赌局，弄得双方都心惊胆战。

图2-12　历史上的火烧赤壁

这就是传统合约的罪过了。

传统合约的风险太高，在战争时期要冒生命危险，在和平时期要冒商业风险。一纸合约总是让人提心吊胆，如果一方反悔，单方面撕毁了合约，事先又没定好惩罚措施，另一方只能吃哑巴亏。

口头的约定因为没有白纸黑字做凭证，当事人如果抵赖，不承认做过约定，那就麻烦了。比如借给了朋友钱，对方就是不承认借过，到最后不仅钱没了，朋友也没了。或者，还钱的日子总是一拖再拖，也很让人无奈。

所以传统合约想要真的有效，往往需要担保人。派往吴军大营的密探给曹操做了担保，所以曹操才会相信黄盖。

但是如果将合约和区块链结合起来，就可以成为智能合约。因为有了区块链的去中心化和不可篡改的特性，传统合约才真正变成了智能合约。

合约一旦在区块链上成功部署，就无法被任何人篡改，因为这份合约已经通过区块链网络，复制到了网络中每个人的账本上。如果有人抵赖，不需要第三方担保人，因为每个手持账本的人都是担保人：账本上明明是这么写的，怎么赖得掉呢？

赖账的人只有掌握区块链网络中的多数算力，才能修改合约内容。但是要掌握多数算力的条件，必须付出巨大的财力和人力，得不偿失。这样就能保证智能合约无人可以修改了。

计算机领域有句著名的格言——代码即法律（Code is law）。这是因为代码是公正客观的，代码如果写错了，无论是任何人，也不能得到正确的结果。在计算机的世界里，代码就如同现实生活中的法律条文一样，不仅严格规范了流程，还会按照流程严格执行。

区块链上的智能合约所拥有的效力，就跟法律条款差不多，并且因为不需要第三方机构担保，成本更低，效率更高，可以应用的场合比传统合约更多。就比如在国际贸易中，中国每次购买空客或波音的飞机，金额都是几百亿美元起步，这种级别的贸易，就连跨国银行也没有能力做担保了，只有靠国家承担信用了。这样不仅成本非常高，而且流程长、手续复杂。而智能合约的出现，使得区块链上的每个机构都能互相担保，也就解决了这种很难找到第三方作保的问题。

但是，智能合约和区块链的结合并不是万能的，因为合约的程序毕竟也是由人来写的，而人是不可能杜绝犯错误的。

特别需要注意的一点是，在实际使用智能合约中，需要"预言机"对数据进行验证。

"预言机"的英文单词Oracle直译是"预言、神谕"，也有"权威"的意思。区块链行业提到的预言机（Oracle），更多想表达的并不是预言的含义，而是数据的真实性、权威性。

预言机的运行原理为：当区块链上的某个智能合约有数据交互需求时，预言机在接收到需求后，帮助智能合约在链外收集外界数据，验证后再将获取的数据反馈回链上的智能合约。

举例来说，假设现实世界中的"数据源"和区块链中的"数据接口"是两个使用不同语言的国家，预言机就是中间的翻译官。通过预言机，智能合约就可以和链外数据进行无障碍交流。

我们在上一讲中提到过公有链中的以太坊，智能合约就曾给以太坊带来过大麻烦，以太坊后来不得不以硬分叉的方式解决问题，这是后话，我们会专门再做介绍。

延伸阅读：

如何识别智能合约的"真假李逵"？

国家特聘教授、北航博士生导师蔡维德曾经提出：我们如何判定一个自称"智能合约"的系统是不是真的智能合约？

第一，如果使用不在区块链上的数据，那么执行结果可能不可靠，若作为证据，证据的可信力低。

第二，如果执行的结果没有被共识过，这结果也不值得信任，参与方可以不认同这个结果，同样，证据的可信力低。

第三，如果产生的结果没有写在区块链上面，就会有被更改过的可能性，也难以作为可信的证据。

第四，如果智能合约上不是执行相关的法律法规，那么智能合约只能是链上代码，而不能被称为智能合约。

第五，如果智能合约没有在区块链系统上运行，如在类似区块链系统上运行或是在链下运行，这结果也不能被信任。类似区块链现在还有许多问题，许多系统的共识机制都被挑战，链下活动也不能够被信任，因为计算没有在链上。

第17讲　好事多（Costco）超市的"通证经济"学

2019年8月27日，美国的超市品牌"好事多"在上海开店时，没料到听闻消息的顾客蜂拥而至，引起了疯抢潮（见图2-13），好事多著名的抱熊娃娃更是成了抢手货，每个收银台的后面都排起了百米长的人龙。为了防止发生事故，超市不得不采取限流措施，连交警都前来维持秩序。

好事多数钱数到手软。因为正好赶上中美经济战，连新闻联播都发出了感叹——美国经济离不开中国。

图2-13　CNN对2019年8月27日Costco在上海开业被挤爆的报道

其实，好事多除了著名的低价策略，会员制才是它真正的杀手锏。顾客必须购买会员卡，成为好事多的会员，才能到好事多购买商品。

如今，超市除了采取会员制，另外一种吸引顾客的手段是采取积分制。超市的积分、航空公司的积分，都是很常见的东西。使用超市积分可以兑换商品，而航空积分可以兑换飞行里程。两大电商——淘宝和京东也分别有自家的积分和"京豆"，都可以获得一定的优惠。和好事多类似，京东也推出VIP会员，每月可以领取优惠券和免邮券。在第1讲中，我们还比较过Q币和比特币的相同点和不同点。Q币虽然不具备区块链的优势，但是在腾讯的强力背书之下，同样也具有相当的购买力。

为什么这些实体商店和网上店铺都这么热衷推出会员制和积分呢？

首先，会员制是区分消费者的有效方法。好事多可以通过会员制度，把理想的用户收集起来，形成一个强大的用户群体。

其次，积分可以增加顾客的忠诚度和回购率。如果一家超市给会员的折扣很大，并且开在人流量大的居民住宅区，那么顾客为了获得更多的积分，肯定不会舍近求远，再去其他超市办会员。

最后，超市可以根据顾客的消费记录，建立对用户的数据认知，再结合大数据技术，就可以对更广泛的人群做出更有针对性的销售策略。

超市的会员卡相当于一张可以进入超市的通行证，有了这张通行证，顾客才可以享受购物的权利。而IBM曾经推出过一个名为令牌环网的网络，在这个网络中，每个节点轮流传递一个令牌，只有拿到令牌的节点才能发送消息。这个令牌和超市的会员卡类似，也是一个权利的象征。

令牌的英文是"Token"，除了翻译成令牌，还有人将其翻译为凭证，或是代币。在区块链中，将Token翻译为通证更为贴切，因为不仅音译比较相似，而且通证含有通行证的意思，更像令牌所要表达的本义。

提到通证，就不能不比较一下比特币、以太币和通证的关系。

在以比特币为代表的数字货币发展早期，尤其是以太坊的推出，所有人都可以根据以太坊的协议，发布自家的代币。随着区块链技术的发展和数字货币生态的兴起，人们逐渐意识到基于区块链技术可以实现价值的便捷、安全和低成本传输，由信息流主导的移动互联网已发展到由价值流主导的价值互联网时代。此时，"通证"的概念得到广泛传播，而不仅仅局限于数字货币。

通证和区块链也经常被一并提及，这又是为什么呢？

通证可以运行在由非区块链技术支撑的平台上。从广义上来讲，航空公司里程积分、信用卡积分、京东京豆、滴滴里程积分、腾讯Q币、游戏币、商场发放的打折卡和会员卡等都是某种原始的通证，都是数字化的权益证明，现在都运行在中心化的系统里。由于没有便捷、低成本、安全、透明的价值流通渠道，这些通证大多在专属平台专用，只能在发行方的中心化体系内流通。

而区块链技术的诞生实现了价值的无边界、自由化传递，通证可以直接被技术的手段进行登记确权。在保证账本可信性（"共识"）的基础上，在不依赖第三方中介的前提下，可以实现权益的确权、分割、流通、定价、交易，进而实现社会交易成本的显著下降。这是人类历史的一次巨大飞跃，价值互联网范式因此应运而生。

通证是区块链技术最具特色的应用，如果没有Token发行，就难以充分发挥出区块链的技术魔力。事实上，没有Token发行的区块链，比一个现有的分布式数据库也没有好多少。而区块链为通证经济带来了坚固的安全保证，它所达到的可信度，是任何传统中心化基础设施都无法提供的。因此，区块链和通证是两个完全独立的事物，同时它们也是最佳组合，区块链作为后台技术支撑通证的运行，而通证承载着整个生态。

通证相对来讲，还是一个比较新的概念，目前人们对于通证的分类仍未达成"共识"。

瑞士金融市场监管局的观点有一定代表性，它将通证分成以下三种：支付类通证、实用类通证和资产类通证。比如比特币，既可以作为支付通证，也可以作为资产通证，但是比特币不能进入以太网络，只有兑换为以太币，才能变为以太坊中的实用性通证。

对于通证经济而言，最重要的当然是搞清楚通证的价值是什么。

第一，通证可以作为经济体系中的价值载体，用于测量价值。上市公司会通过股票公开募集资金，每股都代表了一定的价值，而通证可以超越股票的角色，也就是说，不仅上市公司可以有通证，小型的公司或组织，乃至个人都可以活跃在通证经济中。

第二，由于存在了通证，而通证具备一定的价值，就可以将通证作为胡萝卜或大棒，实现奖惩机制。就像银行每年会将用户积分清零，就是为了鼓励用户在一定期限内使用积分。

第三，通过引入通证，可以调动生态内各角色的积极性，在广泛导流资源、大幅度降低摩擦成本的同时，可以提高协作效率，进而提升生态的效率。赌场为了调动顾客参与赌博，广泛使用了筹码，为的就是可以将不同货币折换成相同的筹码，这样可以大大降低入场后的摩擦。

第四，在没有通证的条件下，经济资源的流动主要是靠全球性的货币来结算，如今真正的全球货币大概只有美元，这赋予了美国许多特权，也让美国占了很多便宜。而通证可以在活跃全球经济的同时，绕过美元门槛，对小国会有更大的现实意义。

第五，通证经过区块链的赋能，可以将以往处于不同生态圈的资源整合起来。如果说全球跨国之间的整合是横向的，那么打通不同生态圈就是纵向的。处于底部的经济体，可以有更大的上升流动空间，可以使资源得到更好的配置。

回顾我们开始讲到的好事多超市，其实它采取的策略就有点通证经济的影子：好事多一方面通过会员制整合用户，一方面根据用户的消费习惯制定商品策略和开店策略，也难怪它在中国开的第一家店，就取得了如此大的成功。

随着通证理念被更多的公司和组织所重视，相信未来像好事多这样的成功案例还会越来越多。通证与区块链的结合一定可以带给我们更多期望和惊喜！

延伸阅读：

通证与积分有什么区别？

以下内容，节选自"火星号"作者插兜小哪吒的《通证经济：通证与积分有什么区别，抛开枯燥特点罗列，可以这么说》一文：

一、积分系统的作用

积分诞生于1793年，一个美国商人设计了一个简单的奖励体系，用来培养客户的忠诚度，这一做法于19世纪和20世纪逐渐被其他商人使用，用来获取长期忠诚客户。1981年，美国航空推出了"常旅计划"，让旅客可以用飞行里程兑换机票。由于其效果明显，之后各大航空公司纷纷推出了自己的积分激励计划，现已基本成为行业常态。

积分的推出，主要是为激励和回馈用户在平台的消费行为和活动行为，积分体系又可以激发与引导用户在平台的活跃行为，逐步形成用户对平台的依赖性和习惯性，提升用户对平台的黏度和重复下单率。

二、积分的不足

积分经过长足的发展，然而成熟的积分体系基本上集中在银行卡组织、电信运营商、航空公司、酒店和超市等消费类行业。从公开的数据来看，银行信用卡积分回馈率为1‰～2‰，电信运营商会拿营业额的3%左右作为积分回馈；航空业的积分回馈比例高达8%～10%；等等。

你可能会有一个疑问，为何成熟的积分体系集中在上述的大公司中呢？为什么其他公司发行的积分，以各种方式呈现而又凋零，在时间的历史长河中留下短暂的一笔呢？

著名经济学家科斯曾经说，是交易成本和管理成本的对比确定了企业的边界。交易成本越低的事情，越应该外部化；管理成本越低的事情，越应该内部化。

对于个人而言，使用积分也存在管理成本和交易成本。

我们或多或少都拿过商家给的积分，然后就是一堆积分卡，管理起来成本有点高。而使用交易的成本就更高了，谁会带一堆积分卡出门。

那为何大企业的积分能发展起来呢？当积分的利润大于管理和交易积分的成本时，这样的积分才有生命力。而能给出这样利润的，往往是一些大公司，或者高频消费的东西，也就是上面提到的银行等了。

积分虽好，但流通不便，管理成本高，成了积分应用的阻力。

三、通证相比积分升级的地方

积分能赋予的功能和属性有限，这是为何呢？即使赋予积分股票的属性，也没人相信，毕竟积分是中心化的，发行多少没法验证，账户上的积分说抹掉就被抹掉了。

简而言之，就是积分的"证"不足，当赋予更多属性时，无法获得用户的信任。同样，积分也无法自证清白。

通证就没有这个苦恼，通证运行在区块链上，可以做到一切行为皆可查，数据不可篡改，谁也做不了假，用户也放心。

这就不得不再介绍一下，基于区块链的通证所具备的三要素：证、通、值。

"证"：要具有可信度，代表某种权益；

"通"：代表的是流动性和通用性，能够在二级市场上进行交换；

"值"：具有经济价值，人们为共识信任，愿意妥协和付出代价。

因此，当我们为Token赋予股权、债权、物权、所有权等权利和凭证时，用户对此是放心的。

而正是因为Token的这些要素，让它可以承载许多属性，这就丰富了Token的玩法，完全把积分甩开了，甩开了不知多少个量级。比如：

（1）在获取上，Token可以通过"行为挖矿"或者"消费挖矿"等形式，奖励为生态做出了贡献的用户；

（2）在存量特性上，为了维护市场价值，Token可以设计为固定或通缩等，增加稀缺性；

（3）在权益上，Token可以代表权益证明，也可以是股权、债权和身份标识等。

这就是通证和积分的区别。

积分是通证的前奏，通证是积分的迭代进化。如果说积分是一把利剑，那么Token就是一枚自动跟踪的导弹。这是冷兵器和全自动化兵器的差异。

第18讲　这个被称作V神的"90后"，凭什么身家超过马云？

在前面几讲中，我们提到了公有链中三个比较有代表性的项目：比特币、以太坊和EOS。其中，比特币是最早诞生的，其次就是以太坊。

以太坊的创始人名叫维塔利克·布特林（Vitalik Buterin），出生于1994年，不仅年轻，还拥有酷似马云的相貌。他如此年轻就神奇般地创建了以太坊，以太坊从2元的私募价，一直涨到超过10 000元，市值最高时为2000多亿元，所以区块链圈内很多人称他"V神"。

布特林的父亲是一名计算机科学家，在布特林4岁的时候，父亲就送给了他一台计算机。不得不让人感叹，写程序要从娃娃抓起！之后，他跟随父亲来到了加拿大的多伦多生活。10岁的时候，布特林就利用所学的编程知识，做出了一款名叫《太空入侵者》的游戏。

布特林的中学时代正是暴雪公司的《魔兽世界》游戏最火的时候。当时布特林也被这款游戏迷住了。2010年，暴雪公司宣布要对游戏做一些调整，导致布特林苦苦修炼的技能"生命虹吸"被移除了。就在大多数玩家的一片哀号中，布特林却想，暴雪这家公司想怎么干就怎么干，根本不顾及玩家的感受，要是有什么措施能抵制就好了。后来，布特林听说了比特币，比特币采用去中心的区块链技术，不存在一家独大的情况，这似乎能成为布特林苦苦寻求的解决方案。

之后，布特林就一门心思研究起比特币，并成了一名小有名气的比特币撰稿人。后来还联合成立了一家杂志，名字就叫《比特币杂志》。在布特林撰写文章的过程中，他对比特币的认识越来越深。他发现，比特币的区块链网络功能非常单一，除了进行交易和交易确认，就不能做更多的事情了。

此时，乔布斯的iPhone已经发布好几年了，手机已经进入了智能时代。要是通过区块链技术运行更多的功能就好了。

故事到此，不得不再介绍另一个人——20世纪的英国科学家图灵。如今，世界计算机领域的最高奖就是用图灵的名字命名的。图灵曾经领导了英国军方对德国军方的密码破译工作，他采取的办法是设计制造了一台可以运行复杂运算的机器。图灵后来证明，只要机器可以完成一系列动作，如按条件计算，就可以进行周而复始的循环计算，那么这台机器就可以做任何计算了。这样的机器后来被人们称为图灵机，这一系列动作构成的条件被称为图灵完备。这有点像培养一名厨师，只要掌握了煎炒烹炸等各项手艺，学会了使用油盐酱醋等调料的用法，搭配所需的食材，就可以做出任何口味的菜。

布特林按照图灵完备的思路，给区块链设计添加了各种功能，使区块链成为图灵完备的平台，并在2013年发布了以太坊的白皮书。又过了一年，布特林宣布成立以太坊基金会，吸引了一大批开发者。以太坊正式启动。

以太坊区块链和比特币区块链最大的不同在于：比特币的功能像是一台计算器，人们只能按照计算器的使用规则算一些数；以太坊则像一台具备了编写程序的"世界计算机"，任何人都可以利用以太坊开发功能多样的程序。另外，以太坊引入了智能合约，人们可以使用智能合约代替传统合约，开发出更多的应用。

在以太坊网络上，最有名的应用大概就是以太猫了。以太猫是以太坊区块链上的一款养育虚拟电子猫的游戏。玩家需要花钱先买一只虚拟的小猫，在小猫长大的过程中，吃的食物也是需要花钱的。当猫长大之后，可以用以太猫繁育小猫，生出的小猫会继承父母的特征。以太坊程序保证每只猫的样子都是独一无二的，繁育出的小猫也是独特的。猫的特征越稀有，价值也就越高。最贵的一只猫卖出了77万元的天价。这可比现实生活中"撸猫"贵多了！在区块链上的这款养猫游戏，迅速火遍了以太坊网络，很多人都想养出一只价值不菲的虚拟宠物，并乐此不疲。

图2-14　V神在以太坊开发者大会上做发言

另外，以太坊也支持投票功能。2016年，在特朗普和希拉里的总统选战中，最终是特朗普取得了胜利。特朗普从一开始宣布参加竞选就不被人看好，最后竟然能逆袭老牌政客希拉里。希拉里可是做过8年的美国第一夫人，还当过国务卿。特朗普出身地产商，政治经验和人脉与希拉里相比差距不可谓不大。然而，最后当选总统的却是特朗普，这个情节就连美剧《纸牌屋》也拍不出来。就在特朗普宣布选举胜利的当晚，美国各地就爆发了声势浩大的游行示威，民众指责选举和计票有问题。

试想一下，如果使用区块链进行投票，就不会产生这种问题。实际上，以太坊给出的公开文档中，就用智能合约实现了一个投票功能：投票发起人可以发起投票，将票发给投票人；投票之后，任何人都可以查看投票结果。因为篡改区块链上的投票结果成本很高，没有人能负担得起，所以投票结果很安全。又因为它是公开透明的，每个人都可以随便查看，不用等官方发布结果，人们对投票结果会更加信任。但是，因为区块链还处在逐渐成熟的阶段，选举涉及国家政治，非常敏感，所以目前还没有国家使用区块链作为选举的技术方案。

以太坊发展到现在，只经历了六七年而已。在V神的规划中，以太坊会经历四个版本阶段：第一个版本叫前沿（Frontier），第二个版本是家园

（Homestead），第三个版本是大都会（Metropolis），第四个版本是宁静（Serenity），也就是以太坊2.0。前沿和家园版本已经发布。

在2019年4月底上线的新版以太坊官网首页上，以太坊官方修订了以太坊的定位，特别强调了以太坊在去中心化金融方向的愿景。Vitalik Buterin曾断言，金融行业很可能是第一个被区块链颠覆的行业。"世界计算机"到"全球结算层"的转变，意味着以太坊的使命可能会越来越集中服务于金融创新。

当然，以太坊在技术上并不完美，与比特币类似，被人诟病较多的是以太坊处理速度太慢，每秒只能处理几十笔交易。另外，因为以太坊是满足图灵完备的区块链系统，可以被黑客钻空子的地方远远多于比特币，而且出现过不少次安全事件，我们在后面会细讲。但总的来说，以太坊还是被很多人认为是区块链2.0最具代表性的项目，以太坊社区仍然是现在最活跃的区块链社区。

希望通过这一讲，能让你记住这位"90后"的区块链风云人物V神和他一手缔造的以太坊。

延伸阅读：

V神回复"以太坊的价值有一天会灰飞烟灭吗？"

以下节选自2018年6月22日以太坊创始人Vitalik Buterin做客《王峰十问》对话内容：

王峰：根据最新的行情显示，比特币市值1088亿美元，以太坊市值489亿美元，以太坊的市值未来可能超过比特币吗？我们不妨大胆假设，如果比特币价值归零（当然我们认为可能性基本为零），以太坊还会有价值吗？

V神：尽管现在加密货币价格和比特币价格走势的关联度很高，但在这样极端的状况下，我依然认为以太币并不依赖比特币。比特币只是众多加密货币中的一种。

令我很欣慰的是，现在加密货币行业已经非常多样化了，这对去中心化是非常有好处的，当你有更多方法去尝试不同技术时，关闭所有加密货币就会变得非常困难。

可以肯定的是，很多优秀人才都在开发区块链项目，希望他们中间至少有一些人能够非常出色，并取得成功。

第19讲 被誉为区块链3.0的"柚子"是什么来头?

在2018年年中的一天,我的朋友圈被刷屏了,许多朋友在转发一个小故事:有一个程序员向老板辞职,辞职的原因是他买了许多EOS代币,而EOS马上就要建成自己的区块链网络,到时候EOS代币就能一飞冲天,这名程序员就能实现暴富的梦想,所以他想提前辞职,世界这么大,他想去看看。

这个故事中的EOS,我们之前也提过,是继比特币、以太坊之后,最富有代表性的公有链之一。

EOS有什么魔力呢?我们一一道来。

EOS是"Enterprise Operation System(企业级操作系统)"一词的英文简称,因为这个名字太长了,所以区块链圈内还是称其为EOS。因为发音相近,中国的网友都管它叫"柚子"。

EOS的创始人是美国人丹尼尔·拉里墨,他觉得这个名字不够酷,所以给自己起了一个绰号,叫"字节大师(Byte Master)"。后来大家就直接用字节大师的两个英文单词的首字母,也就是BM称呼他了。

BM是世界上唯一一位连续开发3个区块链网络的人,是曾经比特股(Bitshares)、Steem和现在EOS的创始人。在接触比特币的早年间,BM还曾在论坛和比特币创始人中本聪互怼过,是最早一批接触比特币和区块链的人。

EOS之所以能有如今这么大的影响力,和BM早先的两次区块链创业项目是分不开的。

2013年,BM创立了去中心化的区块链项目——比特股,市值后来一度跃升世界第四。但后来BM与团队意见不合,选择离开。接着创立了Steem——一个基于区块链技术的社交网络,市值也曾跃居世界第三。

在2017年退出Steem后,BM创建了block.one团队,开发了EOS区块链系统。BM在EOS中汇聚了前两次创业的很多经验,所以EOS项目从一开始宣布就获得了高度关注。

BM在设计EOS时,定下的目标是让EOS成为有能力运行商业级应用的公有链。这个目标该如何衡量呢?VISA和万事达卡是两家国际信用卡巨头,全世界每个地方几乎都有用户使用它们两家的信用卡消费，为了满足这么大的需求，信用卡每秒处理的交易数必须要很高，VISA和万事达的处理速度可以达到每秒5万笔。每年双十一凌晨的交易高峰，是支付宝压力最大的时候，目前支付宝每秒可以处理10万笔左右的交易，是VISA卡的两倍。比特币和以太坊被人诟病的地方就是交易速度太慢。在交易高峰的时候，总会有不少没被处理的交易处于等待状态。

而EOS号称可以实现每秒百万级别的处理能力，不仅如此，转账还是免费的。当BM正式提出这个口号时，立即引爆了整个区块链社区。在获得关注的同时，也引发了质疑。

为了能达到宣称的处理速度，EOS采用了权益授权证明作为共识机制。这一点是EOS与比特币和以太坊最不同的地方。

EOS会通过投票在全球范围内选出21个超级节点，由这些节点来完成区块打包工作。竞选的过程是这样的：候选者首先提交相关信息，如硬件条件、网络连接信息；然后由EOS持有者进行投票，投票是在EOS的钱包内进行的，每拥有一个EOS代币就拥有一个投票权。因此拥有的EOS代币越多，话语权越大。得票数排名前21的节点即为超级节点，负责EOS网络的打包出块。由于投票是随时随地进行的，节点的排名也会动态变化。

EOS有增发机制，每年会增发5%，其中1%用于奖励超级节点，超级节点每年可以获得数百万枚EOS代币的奖励。

正因为如此，在EOS主网上线前，在投票权和增发奖励的激励下，各个机构就大量囤积代币，并且开始了热热闹闹的"拉票"活动，场面的火爆程度毫不逊色美国总统选举。

按照EOS官方公布的最基本的硬件门槛，每家超级节点投入的服务器成本在80万美元左右，这还没有算上网络带宽的费用。

在可以交易EOS代币的交易所中，前十家实际是被韩国人、美国人和中国人控制在手中。韩国的交易量最大，中国的资产总值最高，美国是规则的制定者。

竞选还没开始，EOS社区就分裂了，有人举报贿选。因为成为超级节点意味每年都有巨额奖励，有的参选者宣称只要给他投票，就会返还节点收益。紧接着，更多的参选节点宣布会给投票者"分红"，但是也有节点明确表示不会分红。

应该说，之所以出现这样的局面，和EOS采用选举来确定超级节点关系很大。另外，由于超级节点扮演的角色过重，也引发了EOS是否符合区块链去中心化的讨论。许多人认为，EOS的选举规则很像在阿里云、腾讯云、百度云以及金山云中做选择题，EOS会部署在被选中的云服务商的服务器上。由于不需要做任何类似工作量证明中的猜数字题目，区块的打包速度可以很快。

但是，在EOS的区块链主网上线之后，每秒的处理交易笔数只是达到了四千左右，与一开始宣称的百万级别处理速度相差甚远。EOS虽然比以太坊的速度快了100倍，却没有以太坊的去中心化程度那么高，似乎背离了区块链的精神。

EOS为了解决争议，如损害赔偿、修补系统漏洞、账户冻结，还成立了"核心仲裁组织"，承担了法庭的角色。EOS官方给出的目的是：通过执行规则和提供惯例支持给仲裁员以及案件的执行，来服务于社区。

很快，仲裁法庭就有了表现机会。2018年6月23日，仲裁法庭下令超级节点冻结了27个账户，理由是这些账户以通过垃圾邮件发送钓鱼网站的方式盗取代币，并且仲裁法庭已经掌握了证据；但是他们除了说对方"有罪"，却并未公布为何要冻结对方的账号。

2018年11月8日，仲裁法庭下达了EOS治理史上第一个修改账户私钥的仲裁令，并在4天后，也就是11月12日获得15个超级节点的通过。

传统的区块链开发者一致认同的理念是"代码即法律"，而EOS的社区治理与美国的三权分立（见图2-15）颇为相似。美国的三权分立体系中，国会负责立法，总统负责行政，最高法院负责司法。在EOS中，EOS官方负责建立规则，超级节点负责社区运行，仲裁社区负责调解纠纷。

相比于其他公有链，EOS的真正优势是它的流量很高。EOS不是完美的去中心化，但绝不能说它是中心化的。从开发者的角度，EOS可以提供许多开箱即用的功能，可以提高开发速度。

不同的公有链，分别代表了不同的共识机制，都有各自的铁粉。而且公有链领域还在不断诞生新的技术。未来究竟谁能胜出，我们拭目以待。

否决权；
立法倡议权；
发布有法律效
力的行政命令。

征得参议院同
意后，任命联
邦法院法官

否决权、拨款权；
决定行政机构设置；
决定行政人员任命；
监督财政、行政；弹
劾总统。

违宪审查

司法审查

决定法院的设立、法官任命；决定
法院预算和法官的薪俸；联合各州
推翻最高法院裁决；弹劾法官

图2-15　美国的三权分立机制示意图

延伸阅读：

Steemit——内容激励平台的鼻祖

Steemit诞生于2016年2月，是运用区块链技术搭建内容激励的社交网络，用代币来奖励内容生产者，让注意力经济中的内容创造者受益。

在Steemit社区（首页截图见图2-16），每个用户都可以免费参与到新的社交平台建设中来。用户可以发表有价值的文章和高质量的回复/评论；可以免费浏览自己想看的内容；可以给自己喜欢的内容点赞，也会因为发现好的内容而得到系统的奖励；不仅如此，用户还可以给自己喜欢的作者进行打赏。

Steemit很好地解决了社交平台利益分配不合理的问题，实现了社交领域和加密货币领域的完美结合，使得优质内容的作者和读者都有了合理的奖励，开创了社交平台领域的新篇章。

Steemit项目代币的成功是对现有社交平台的颠覆，它带来了丝毫不亚于比特币诞生的新希望——更合理的利益分配。

图2-16 Steemit 社区首页截图

第 20 讲　85 万枚比特币被盗的
"门头沟事件"是怎么回事?

通过本章的前几讲,大家已经知道了什么是区块链,它有什么特点,它又是怎么运行的。2016年,人工智能领域的应用遍地开花,这一年的风口属于人工智能。这个风口过后,投资者们就在寻找下一个投资机会。伴随比特币的价格在2017年飞涨,人们纷纷将目光汇聚到比特币背后的区块链技术,区块链成了当年的风口。

区块链所具有的去中心化和不可篡改的特性,与传统互联网大相径庭,因此被赋予了很多标签,如"价值网络""信任机器"等。

伴随着比特币价格在2017年的一路暴涨,不仅有许多新玩家入场,也有人打着区块链的名义进行金融活动,国家监管部门及时发布了管理措施,算是给狂奔的币圈踩了一脚刹车。

在我看来,除了政策和监管对比特币的发展会带来一定影响之外,影响比特币未来最大的因素,可能就是比特币系统的安全了。

2017年5月，一个名叫"想哭"的电脑病毒袭击了全球150多个国家的电脑和服务器，这个病毒会劫持操作系统，并会在电脑屏幕上显示：如果不支付赎金，就会删除电脑内的重要文件。受这次病毒影响的领域，不仅包括政府部门，还包括医院、通信企业和大制造业，涵盖了和人们工作、生活密切相关的几乎所有领域。又因为正好是在毕业季，一些学校的电脑也感染了病毒，有些学生的毕业论文也被劫持了。而支付赎金的方式是使用比特币进行支付。在此之前，因为许多人是没听说过比特币的，所以比特币一出场，就给人留下了一个不太好的印象。

病毒劫匪为什么要使用比特币作为赎金呢？这和区块链的特性密切相关。区块链除了具有去中心化和不可篡改两大特性，还具有匿名性和透明性。透明意味着信息公开，这不是和匿名性矛盾吗？其实不然。因为区块链账本是人手一册的，每个人都可以随时查询每个区块里包含的交易，以及交易的额度是多少，所以在区块链上的交易是透明的。但是如果只根据交易的钱包地址，是不能知道是谁参与了交易的，因为在区块链上，无法根据钱包地址倒推私钥，所以交易者不仅绝对安全，而且绝对隐私。

如此一来，在区块链上进行交易就成了一些犯罪分子的游乐场，而且监管机构很难直接在区块链上去制止这种犯罪行为。

除了比特币，V神创立的以太坊也没能逃脱黑客们的魔掌！

随着区块链的去中心化概念的传播，世界各地兴起了许多去中心化的自治组织，英文简称DAO。随着在以太坊上可以开发智能合约，在区块链上能做的事情更多了，所以许多自治组织都选择了以太坊系统作为基础，The DAO就是其中最著名的一个。The DAO的含义是"DAO之母"，是Slock公司发起的一个物联网平台。

由于具备新颖独特的思路，The DAO在正式启动之前的众筹中就募集了1.6亿美元的资金，成了当时史上最大的众筹项目。

接下来就要正式开始运营了，但是发生的事件让人始料未及。The DAO部署在以太坊上的智能合约被爆出现了漏洞，并且这个漏洞被黑客发现之后，黑客将360多万个以太币转移到了黑客自己的账户中，被盗资金超过了募集资金的三分之一，差不多是5000多万美元。

黑客只要耐心等待，在区块打包之后，就可以将这些钱从链上转移出来。因为智能合约的代码只要发布出去了，就不能被更改。除非留了"后门"，才能修改代码。但是The DAO并没有设置任何后门，因为它认为后门是违背去中心理念的。

此时，单单靠The DAO已经不能阻止黑客了。以太坊官方也注意到了事件的严重性。一开始，官方采用软分叉的方式，锁定了黑客的账号，使黑客的账号不能发生任何交易。当矿工检测到黑客的账号时，就会拒绝这个交易，在拒绝的同时，不会收取任何交易费。但是因为没有交易费，就像一到节假日高速公路免费就暴堵一样，黑客向以太坊发起了大量攻击，使整个网络瘫痪了。因此，软分叉解决方案走不通了。

还剩下硬分叉的方案。在分叉之后，将被盗资金返还给The DAO。但是因为以太坊社区存在分歧，有的人想硬分叉，有的人不想硬分叉，最终导致新旧两条链。新链仍被称为以太坊，旧链则被称为以太经典。现在，以太坊和以太经典都可以在交易所中购买。

这一切的根源就是在以太坊上可以开发智能合约，却没想到别人在写智能合约时，给官方挖了这么大的坑，导致以太坊不得不以社区分裂的方式解决这个问题。

这还不是区块链史上最大的安全事件，早在2014年，就发生了比特币史上最大的盗窃案。盗窃案起源于当时全球最大的比特币交易所——Mt.Gox交易所。这个交易所的名字是"神奇的在线交易所"的简称，因为发音很像"门头沟"，所以国人笑称它是"门头沟交易所"。

2014年2月，"门头沟交易所"突然宣布暂停所有提币服务。紧接着，又宣布暂停了所有交易。然后，又宣布破产。这一连串操作，让所有人措手不及。成千上万"门头沟交易所"的用户，既取不出自己的比特币，也没拿到赔偿，只能等待法院的判决（见图2-17）。通过庭审的披露，人们知道这又是因为黑客盗窃导致的，并且被盗的比特币超过了85万枚，占世界比特币总值的7%。这次"门头沟"被盗事件，导致比特币的价格暴跌了三分之一。

时至今日，黑客到底用了什么手段偷了这些比特币，以及这些比特币的下落仍然是个谜。如今，每年都还会发生不少区块链的安全事件，时刻为我们敲响警钟。

层出不穷的安全事件，为比特币以及区块链技术的发展蒙上了一层又一层的阴影。这还没有算上前几讲提到过的交易速度慢、耗能高的缺点。所以，虽然区块链是很有希望的新技术，但是任重而道远，还有很多漏洞要补。有句话这么说，"道路虽曲折，但前途还是光明的。"区块链在我眼中，也是如此。

图2-17　"门头沟交易所"受害者希望尽快得到赔偿

延伸阅读：

360集团董事长周鸿祎谈百亿美元的区块链安全漏洞

以下节选自2018年5月30日360集团创始人周鸿祎做客《王峰十问》对话内容：

王峰：在360公布#3498 EOS漏洞之前，EOS的bug已经在Github上提交了3497条，但360出手前鲜有人关注并产生如此之大的影响。实话实说，您如何看待昨天披露安全漏洞的严重程度？为什么称这个漏洞价值百亿美元？为什么360安全卫士在微博上将之称为"史诗级"漏洞？在我过去的理解里，"史诗级"一般用来形容丰功伟绩，是对某件事的高度赞扬。

周鸿祎：我们没有立场，是中立，我们提出任何一个系统的漏洞，都是为了帮助这个系统改善安全性，保证它的安全，不是为了打击它。

区块链这个行业里，大家其实是在一条船上，作为新生事物，某一家不安全会让大家对整个行业产生怀疑、失去信心，对行业是不利的。所以我们反对大家利用安全问题做文章，把安全问题变成竞争的工具。

如果#3498 EOS漏洞被人利用，可以控制EOS网络里面的每一个节点、每一个服务器，那就不仅仅是接管网络里面的虚拟货币、各种交易和应用，也可以接管节点里面所有参与的服务器。拿到服务器权限，就可以为所欲为了。如果有人做一个恶意的智能合约，就能够把里面所有的数字货币直接拿走了。

所以，对于区块链网络来说，不会有比这个更严重的漏洞了。

再说"史诗级"，EOS在区块链发展史上的重要性大家肯定知道。如果我们没有提出这个漏洞，EOS没有修复，等到EOS主网上线，被恶意的黑客发现并利用了，那时候EOS会不会一夜之间就垮掉，我们都不好说。

EOS现在的估值至少百亿美元了，所以我觉得这个漏洞价值百亿美元并不夸张。

第21讲　没有老板存在的公司，还能正常运转吗？

本讲谈谈区块链的发展所引起的组织结构的变迁。

提到组织结构，可能会比较抽象，我用自然界中的两种动物来打比方。现代社会中，传统组织大多像是蜘蛛，智力集中在大脑，只要你把蜘蛛的头去掉，蜘蛛就会死亡；而去中心化组织就如同海星，海星根本就没有头，它的智能分布在身体各处，一旦你打掉它身体的一部分，那个部分甚至可能自己再长成另一个海星。

所以，杀死海星比杀死蜘蛛困难得多，一个像海星般生长的组织，它的生命力也会比蜘蛛式的组织更强。

我们再来看一段世界历史，当初西班牙人入侵南美洲时，非常轻易地就征服了当地的阿兹特克帝国和印加帝国，那是因为这两个帝国都是蜘蛛式的组织结构，权力集中在统治者手里，只要中央政府一倒，帝国立即崩溃。但是，当西班牙人打到北美洲，面对更加落后的阿帕奇族的时候，却打不下去了。阿帕奇族就是个海星式组织，没有统一的领导人，各部落在政治上是一个非常松散的联盟，整个族群是依靠阿帕奇英雄的战斗榜样，从精神上去感召别人。所以，即便有几个部落被击溃，剩下的族人仍然能继续战斗，结果阿帕奇族跟白人一直抗争了几百年。

像海星类似的组织，没有单一领导者的分布式组织，理论上只要有互联网连接，它就可以存在。举个例子，其实就是下面要向你介绍的一种全新的组织形式——去中心化自治组织（Decentralized Autonomous Organization，DAO）。

事实上，DAO的形态非常广泛，它可能是某种数字货币，也可能是一个系统或者机构，甚至可能是无人驾驶汽车。它们为客户提供有价值的服务。

有不少人会把DAO理解成"社区"。的确，从表现形式上看，DAO很贴近社区，DAO也往往先以论坛或社群的形态展现给世人，但DAO并不能与社区画等号。相比社区而言，共同体可能更能体现DAO的精神内核。

我们前几章讲过智能合约和通证的概念，DAO实际上是在智能合约和通证体系的基础上，所组成的松散型利益共同体，成员目标一致，协作关系上松散，而利益结构上高度耦合。

从某种角度来看，DAO就像一个全自动的机器人，当它全部的程序设定完成后，它就会按照既定的规则开始运作。值得一提的是，在运作的过程中，它还可以根据实际情况不断地自我维护和升级，通过不断地自我完善来适合它周围的环境。

不同于传统公司复杂和缓慢的机制，任何一个人都可以随时加入和退出DAO。而公司的代币成为系统中运行的唯一货币，并让收入、利润这些概念完全消失；公司运作的结构被大大简化，只剩下投资者和生产者，这会极大地提高公司的运作效率。每一个DAO，如上市公司一样，其发行的代币是可以高速流通的，这意味着其价值在一开始就将完全由市场决定，无须在通过漫长而复杂的融资和审核成长为一个上市公司后再由市场决定。

有人分析，DAO正在颠覆传统公司的治理和财富分配模式。因为对投资者来说，DAO的自动化执行，会将公司运营中人为失误和高管腐败两个最大风险最小化，因此与公司股票相比，DAO成为风险较小的投资类别，提供比大多数股票股息更可预测的投资回报率。

DAO概念的雏形最早由EOS创始人BM在2013年提出，那时BM将其命名为DAC（Decentralized Autonomous Corporation），即去中心化自治公司。BM认为，在DAC中，加密资产即股份，企业相关的规章皆由源代码确定。DAC的目的在于通过为自由市场提供有价值的服务，从而来为股东赚得利润。

随后的2014年，BM进一步扩展了DAC的概念，并且明确了它的四个核心特性：必须有其可用于交易的股份（即通证或者代币）；其价值不得依赖于某一个体或公司；组织必须透明，不得控制任何私钥；不得依赖任何法律合约，如版权和专利。

大约同一时期，以太坊创始人V神先后在自己的博客以及《比特币杂志》上阐述了其对DAC概念的认识，并于不久后正式提出了DAO这一词汇，去中心化自治组织这一概念借此正式问世。

后来，随着V神在2015年之后相继发布了以太坊及其具有里程碑式意义的智能合约，DAO的可编程性大大增加，其所能承载的规则与价值也逐渐丰富了起来，同时也为后来DAO项目的创立埋下了伏笔。

2016年5月初，一些以太坊社区的成员协同成立了创世DAO，它作为以太坊区块链上的一个智能合约而被建立，社区成员将之冠以"The DAO"的名称进行部署。The DAO在初创期取得了意想不到的成功，该项目在一个月内顺利地收集到了1270万枚以太币（当时价值约1.6亿美元），这使得它成为史上最大的众筹项目之一。但是，新生事物往往是脆弱的，我们在上一讲里提到过The DAO存在的安全隐患。2016年6月17日，一名黑客发现了The DAO代码中的漏洞，并借此对其发起了攻击，价值5000万美元的以太币丢失。

尽管DAO在过去的几年里遭遇了重创和冷眼，但这并不影响某一部分真正对这一概念感兴趣的人持续为之奋斗。

国际知名技术咨询公司Gartner每年都会发布一份"新兴技术炒作周期"报告，揭示当年新兴技术趋势所遵循的模式。在其发布的2019年新技术成熟度曲线中，首次将去中心化自治组织DAO和去中心化网络列为热点技术趋势之一。DAO和去中心化网络均被列于"技术萌芽期"，其中，DAO被标注为"5到10年实现期"；在Gartner 2020年十大战略技术趋势中，产业区块链（Practical Blockchain）也是十大趋势之一。

2019年，DAO开始复苏：波卡等越来越多的项目开始涉足和建立DAO，这也使得DAO的生态自2016年横空出世以来，首次达到了一定程度的完整乃至繁荣。

当然，从现实来看，DAO对于目前大部分企业来说，实际运用尚面临诸多挑战。

首当其冲的就是观念层面，像DAO这样从管理模式到利益结构，甚至到经营方式都整体被颠覆，且高度依赖数字技术的模式，很难短期内被企业所接受。其次是环境，DAO模式大多只能局限在信息、金融、文化等非实体产业。国家法律、政策等环境同样需要时间来建立相关制度。最后是技术层面，区块链底层技术还在探索和迭代中，处理性能、稳定性、安全性、易用性等各类指标，距离大规模商用还存在不小差距。

五百年历史的"公司"形态，会不会彻底从人类社会消失？如你所知，透过DAO，我们正在看到人类组织未来的新的发展方向。

通过DAO，可以见证人类协调新组织形式的早期实验，可能会成功，有些则可能失败，但都是一次令人兴奋而又有趣的旅程。

延伸阅读：

DAO 被列入 Gartner 2019 新技术趋势

Gartner 技术成熟度曲线，又称技术循环曲线、光环曲线或者技术炒作周期，是方便企业和 CIO 评估新技术成熟度、演进周期和制定新技术战略的重要工具。

在 2019 年 Gartner 新技术成熟度曲线图（见图2-18）上出现了两个新物种——去中心化自治组织（DAO）和去中心化网络。

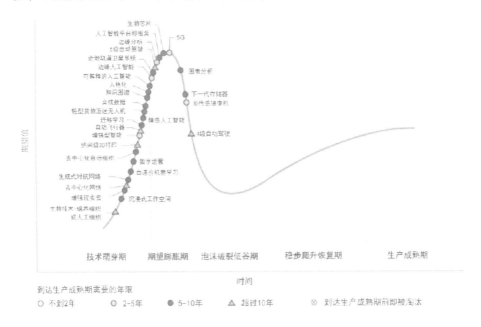

图2-18　Gartner新技术成熟度曲线（截至2019年8月）

Gartner 2019曲线图上，去中心化自治组织（DAO）和去中心化网络均被列于"技术萌芽期"，其中，DAO被标注为"5～10年实现期"，去中心化网络则被标注为需要"10年以上"才能实现。此外，Gartner把DAO和去中心化网络归入数字生态系统（Digital Ecosystems）的类别中。

第22讲　量子计算机投产之时，就是比特币终结之日？

如果说一台超级计算机能够在200秒完成传统计算机耗时1万年的运算，这会是怎样的计算能力呢？

2019年9月20日，英国《金融时报》报道称Google所研发的量子计算机成功地在3分20秒（200秒）内完成了传统计算机需要1万年才能完成的运算。在这篇论文中，Google把这一突破定义为"迈向全面量子计算的里程碑"，并表示已实现"量子霸权"。

Google研究人员最早在美国国家航空航天局（NASA）网站发表了这一论文，但随后又迅速将其删除。不过论文仍然被眼疾手快的读者保存，进而被大量传播，由此激起对量子计算机影响的大讨论。而量子计算对比特币的影响就是其中一个备受争议的话题。

量子计算和比特币会有什么关联呢？在弄清这个问题前，咱们先看下什么是量子计算。

学过计算机的朋友们会了解，计算机是以比特（bit，位）为单位进行信息编码的。每一位可以取值为1或0，而这些1和0作为开关，最终驱动计算机功能。

而量子计算机是基于量子比特的，量子比特根据量子物理学的两个关键原理进行操作：叠加和纠缠。叠加，意味着每个量子位可以同时表示一个1和一个0；纠缠，意味着叠加的量子比特可以相互关联，也就是说，一个状态（无论是1还是0）可以取决于另一个的状态。利用这两个原理，量子位可以作为更复杂的开关，使量子计算处理能力可以比现在使用的计算机快数百万倍。

正是基于以上的原理和推断，美国加州理工学院教授普雷斯基尔在2012年提出了"量子霸权"的概念，即量子计算机能在特定问题上超越世界上性能最好的经典计算机。

由于担心量子计算机的强大计算能力会对比特币的安全性造成一定威胁，不少人惊呼，量子计算有可能在未来十年内"杀死"比特币。2016年，英国一家网络安全公司联合创始人Andersen Cheng表示，量子计算机投入使用之时就是比特币终结之日。那么，事实真的会如此吗？

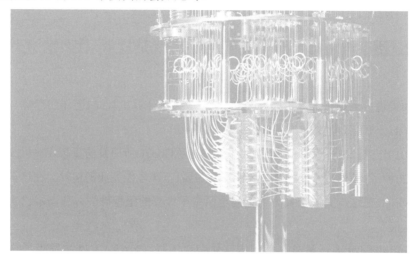

图2-19　世界上最先进的量子计算机之一——IBM Q 的局部特写

比特币是通过密码保护的去中心化的加密数字货币，凭借良好的安全性，比特币已经稳定运行了十余年。比特币之所以做到了足够安全，主要是基于两个重要的安全特性：工作量证明（Proof-of-Work，PoW）和加密签名的不对称性，而这两个特性都建立在难以破解的密码协议的基础上。

先来看看工作量证明PoW，我们在前面的共识机制课程中已经有所了解，这里再简单复习一下。

工作量证明的基本原理就是客户端需要做出一定难度的工作，得出一个结果，而验证方却可以很容易地通过结果来检查客户端是不是真的做了相应的工作。它的核心正是不对称性：相比于请求方完成工作的难度，验证方验证的难度小得多。目前，比特币系统使用的工作证明函数是 HashCash（哈希现金）。

至于加密签名的不对称性，主要是用来授权交易。在一个交易被广播，但还没有加入区块链的时候是最容易被攻击的。如果在此时可以通过广播的公钥破解出密钥，就可以利用这个密钥从原地址广播一个新的交易给自己的地址，并让这一交易先进入区块链之中，便可以取走原地址中所有的比特币。目前比特币使用椭圆曲线数字签名算法（ECDSA），利用secp256k1生成密钥，确保授权交易的安全性。

如果可以在特定的时间内完成对以上两个问题的破解，也就攻破了比特币的安全系统。当前计算机的计算能力是无法做到的，但对于远远超过普通计算机计算能力的量子计算机而言，则可能只是"小菜一碟"。

按照英国普利茅斯大学通信和网络安全研究中心教授Martin Tomlinson的描述，量子计算机可以在几分钟内从公钥推算出私钥，而在知道所有私钥后，人们就可以随意消费比特币。

不过，在业界专业人士看来，量子计算破解比特币的可能性，还存在很多质疑和讨论，目前并没有形成统一的共识和结论。火星财经前不久特别采访到几位区块链及密码学专家，他们的见解和观点或许能给你带来一些启发。

他们中有人持悲观意见。

北卡罗来纳大学教授王永革认为，现在几乎所有区块链都采用椭圆曲线数字签名，然而美国国家安全局（NSA）在2015年就已建议别再使用椭圆曲线了。Google的量子算法是随机的一种，对大部分区块链的影响目前没人具体研究过。区块链如何解决被破解的问题？答案是：重新设计。但重新设计又会产生很多问题，如目前的流量问题将更加恶化。

派盾（PeckShield）创始人蒋旭宪认为，量子计算会大大影响现代密码学的有效性，尤其是曾经认为没法破解的、基于密码的用户和认证系统。在量子计算面前，它们都可能被轻易破解。同样地，目前网络安全和基于密码学的电子商务安全也都有可能受到很大影响。

当然，也有人持乐观意见。

YottaChain创始人王东临认为，目前Google实现的还只是实验室技术，按业界产业规律，距离商品化还有较长时间，至少近几年不会有实质性影响。另外，量子计算和传统计算是不一样的计算方式，并不是说量子计算可以使所有的计算任务都能"飞"起来，大量的计算任务并不适合用量子来计算。即使Google量子计算机的传闻为真，也只能代表在某个特定的、专门适合用量子计算的计算任务上，一个不惜成本制造出来的实验室设备实现了比现有计算机快很多的目标，仅此而已。所有渲染量子计算会摧毁区块链的报道都是无知，并不全对。

比特币在安全性这个问题上虽然经受住了各种风波，但是谁都不能保证它将来也能安然无恙。至于量子计算能否破解比特币还不得而知，但有一件事是可以肯定的：随着第一批强大的量子计算机在几年后上线，比特币改变的压力会更大。

或许，那时候比特币也已经有了新的进化，变成了更好的比特币，带给我们更多变化的可能。

延伸阅读：

量子计算的速度为什么能这么快？

打个形象的比喻，如果将现在计算机的速度比作"自行车"，那么量子计算机的速度则是"飞机"，因此，说量子计算是"自然赋予人类的终极计算能力"并不夸张。

那么，量子计算为什么这么快？

众所周知，大家目前使用的计算机（我们暂且称之为传统计算机吧），是一个基于二进制的系统，而实际上二进制也是为传统计算机量身定做的，通过二进制这种计数方式，可以很方便地将电路的通、断，电压的高、低等，通过"1"和"0"两种形态在传统计算机中表示出来，从而通过表现这两种形态中一种的一系列信号流而形成有意义的信息。而存储这两种形态中的一种的存储单位就叫作比特。而一个比特里存储的信息必须是1或0。因此，1个比特可以表示0或1两个数之一，2个比特可以表示0、1、2、3四个数之一，n个比特可以表示2^n个数之一。因此，n个比特的信息容量其实就是2^n。

而对于量子计算就完全不同了，量子计算机中类似于比特的单位是量子比特（qubit），相对于比特中存储的信息只能是1和0两种状态，量子比特中存储的信息可能是1也可能是0，换句话说，就是量子比特里存储的信息可以既是0，又是1。

因此，一个量子比特可以同时表示1和0两个数，两个量子比特可以同时表示0、1、2、3四个数，n个量子比特则可以同时表示2^n个数，而且随着n的增加，其表示信息的能力将指数级上升。例如，一个250量子比特的存储器（由250个原子构成）可能存储的数将达到2^{250}，比现有已知的宇宙中全部原子数目还要多。

而计算机能处理的所有信息实际上都是基于对数字的数学计算，如果能够提高计算机数学计算的速度，计算机处理信息的速度自然就会相应提高。由于数学计算可以同时对存储器中全部的数据进行，因此量子计算机在实施一次的运算中可以同时对2^n个输入数进行数学运算。其效果相当于传统计算机重复实施2^n次操作，或者采用2^n个不同处理器实行并行操作，而这就是量子计算机为什么会这么快的秘密。

（以上内容节选自CSDN博客的量子计算专题）

第23讲　为什么人口不到50万的马耳他要做区块链世界的中心？

随着区块链越来越火，越来越多的公司将区块链运用到了项目中，世界各国对区块链技术的监管政策也变得逐渐明朗起来。这一讲，我们主要梳理一下世界各国对区块链及加密数字货币的监管政策。

从各国政府部门的表态和行动来看，我发现了一个规律：小国激进，大国稳健。

先来说说马耳他这个国家。也许有人都没听说过马耳他，这是一个位于地中海的岛国，总人口不到50万，面积300多平方千米，还没有北京的海淀区大。但是马耳他的区块链政策是最为激进的。官方宣称，要将马耳他打造成区块链岛，并且大力支持区块链和加密货币在当地的发展，通过各种政策给予来此创业的区块链公司优惠。马耳他还是最早安装比特币ATM机的国家。2018年7月，马耳他议会审议并通过了三项区块链监管法案：《马耳他数字创新管理局法案》《创新技术安排和服务法案》《虚拟金融资产法案》，成为世界上第一个为区块链立法的国家。因为马耳他也是欧盟国家，马耳他总理曾在欧盟委员会上呼吁，将欧洲建成加密货币中心。

同为欧洲小国的白俄罗斯也不甘落后。白俄罗斯总统卢卡申科是加密货币的忠实粉丝，他曾公开表示，使用核电站多余的电能来挖矿，要以举国之力发展数字货币，并且允许矿场在白俄罗斯开厂。白俄罗斯政府已经承认比特币是法定货币，而且不会对挖矿和比特币交易征税。白俄罗斯经济高度依赖能源和金融，2008年金融危机和油价暴跌使白俄罗斯经济长期陷入低迷。比特币挖矿消耗资源过多，被人诟病已久，如果白俄罗斯的核反应堆能投入挖矿，的确可以为比特币带来更廉价、更清洁、更持久的电力供应。

再来看看南半球。

我们在第一章提到过委内瑞拉这个国家，因为严重的通货膨胀，老百姓喜欢购买加密货币，因为加密货币比本国货币更保值。为了应对危机，2017年12月，委内瑞拉宣布将发行石油币，发行量为一亿枚，每个石油币都由委内瑞拉的一桶原油作为实物抵押。接着，委内瑞拉总统马杜罗宣布，石油币将作为委内瑞拉的国际记账单位以及国内工资和商品、服务定价的基准。为了使石油币的价格稳定，石油币不仅绑定石油价格，还同时绑定铁矿石、钻石和黄金的价格，并且有6家交易所上线了石油币。政府对石油币寄予厚望，希望能依靠石油币从国际募集资金。但是，石油币的抵押石油还没开采，交易所也不是高知名度的大交易所，又因为还没搭建完善的支付系统，石油币并不能购买实物。

因为南美洲国家普遍经济低迷，所以不仅委内瑞拉的民众热爱购买比特币，就连南美洲最大的经济体——巴西的民众也是比特币爱好者。超过8%的巴西民众拥有数字货币，这个比例可以排进世界前五，其他四个国家是日本、韩国、英国和美国。

相比前面的小国，大国就稳健多了。

先来看看比特币和区块链技术最成熟的美国。对于区块链，美国一直抱着谨慎的态度，既不放任区块链肆意发展，也不过分监管。官方鼓励政府和企业大力拥抱区块链技术：美国国防部正在尝试利用区块链技术搭建数据平台；国家太空总署在开发使用区块链技术的航天器；好莱坞在采用区块链技术销售电影，打击盗版。美国的各大互联网公司也纷纷行动了起来：Facebook发行了全球通用的数字货币；IBM开发了应用最广的联盟链产品"超级账本"；亚马逊要在交易系统中使用区块链。但是，美国证券交易委员会（SEC）对数字货币的监管是非常严厉的，不仅限制虚拟货币的投资，还计划发布禁令，曾经向80余家数字货币公司发出了传票，并且所有的交易所都要在国内注册。

与美国同属海洋法系的英国对于比特币也是既谨慎又包容的。为了规范加密货币和区块链技术，英国财政部、英国金融行为监管局和英格兰银行共同组建"加密资产专项工作组"，同年发布了一系列针对区块链行业的监管措施。制定完了监管措施，英国央行还尝试了创建国家数字货币，想利用数字货币提高跨境交易的效率。除了英国央行，加拿大和新加坡的央行也在进行类似的努力。英国税务部门正在研究加密资产的税务问题。

韩国和日本是民众购买数字货币最多的两个国家,并且民众接触比特币也很早。韩国的年轻人有一半都购买过数字货币。由于比特币价格在2018年暴跌,有大学生因为购买了大量比特币损失很大而自杀。韩国政府为了遏制民众对数字货币的狂热,禁止了数字货币的发行。半年后,虽然没有书面的解禁,但事实上韩国政府已经再次允许发行数字货币,只是加强了监管。韩国举办的区块链论坛也是最多的。日本对区块链和数字货币比较友好,不仅没有禁止过发行数字货币,还从政策上大力鼓励数字经济和区块链的发展,在制定配套措施上也比较完善。

最后,再来看看中国。2017年9月,中国人民银行等七部委发文,明令禁止任何形式的数字货币发行。这一举措导致比特币价格暴跌四分之一,但是在接下来的几个月内,比特币的价格一路飙涨,最高价格近两万美元。虽然我国对加密数字货币的态度非常严格,但对区块链技术持欢迎态度。

2019年10月24日,中共中央政治局就区块链技术发展现状和趋势进行第十八次集体学习。习近平总书记在主持学习时强调,要把区块链作为核心技术自主创新的重要突破口,明确主攻方向,加大投入力度,着力攻克一批关键核心技术,加快推动区块链技术和产业创新发展。这一重要讲话为我国推进区块链技术和产业创新发展指明了方向。

根据国家知识产权局的数据显示,2019年公开的区块链专利数量总数,同比2018年增长近6倍。在国际专利方面,中国的阿里巴巴公司排名第一。在专利总数上,美国公司拥有的专利更多(见图2-20)。中国作为后发国家,能在区块链领域和美国一较高下是和国家政策的支持分不开的。作为经济大省,浙江、江苏和广东三省都对区块链出台了相应的扶持政策。

互联网经过了50年的发展,而区块链才诞生了10年,区块链还处于早期阶段。也有不少人把区块链和人工智能相提并论。人工智能经过了两次低谷、三次热潮,才向世人证明了价值。人工智能领域中,"深度学习"之父乔弗里·辛顿在最低谷的时候连研究经费都很难申请到,甚至被人怀疑是骗子。区块链和人工智能同为革命性的技术,希望这两者都能得到更加公正与理性的对待。

在我看来,当前的区块链世界并不完美,但却发展很快,区块链的先驱们在不断地摸索中,悄悄地改变着世界,区块链塑造世界的力量不容低估。

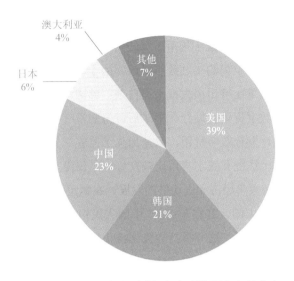

图2-20　2019年区块链领域授权专利的国家市场分布

延伸阅读：

阿里巴巴缘何成为全球区块链专利排行榜第一名？

以下节选自2018年3月1日阿里巴巴集团学术委员会主席曾鸣做客《王峰十问》对话内容：

王峰：我看到一份"2017全球区块链企业专利排行榜"，前100名中，中国入榜企业占比49%。其中，阿里巴巴排名第一，美国银行排名第二。当看到这样的消息时，我先是一惊。阿里巴巴是从什么时候开展区块链技术专利储备的？谁在负责这件事情？

曾鸣：其实，阿里巴巴做区块链这个事情，发展的确挺有意思的，还是很典型的，就是阿里经常强调的top down和button up的结合。top down就是说，高层的管理人员需要对未来有紧密的关注，我自己是2013年开始就经常去硅谷，每年差不多有半年的时间在硅谷。我们最主要的工作之一就是了解硅谷最新的技术变化以及它们对未来的影响。

早期，我们最主要的关注点是云计算和人工智能，看了很多这方面的公司。但是在2014年之后，陆续听到很多关于比特币、区块链的讨论。特别是随着以太坊的发展，相关的讨论就更加热烈了。所以，2015年前后，我就开始和蚂蚁金服的战略部同事聊区块链可能对金融行业的冲击。

火星财经最近有一篇报道，讲述了蚂蚁金服技术团队是如何自下而上地开始区块链探索的：最早是从2015年内部的一个兴趣小组开始，2016年，首次利用区块链尝试开展了一个公益项目。2016年，在阿里巴巴内部，主要是在蚂蚁金服，我和他们的战略部及首席技术官都有过沟通，曾经研讨过一次比较完整的区块链技术。2016年年底，阿里巴巴的长期战略会也讨论了区块链对于未来的重要性。

所以，近两年整个区块链技术在蚂蚁金服以及阿里巴巴的应用还是比较顺利的。大家也可以看到，区块链技术在和商业场景及其他应用场景的结合方面，进步快速。

|第 3 章| 你真的了解 Facebook 的 Diem 吗

第 24 讲　Facebook 为什么要推出 Diem？

2019年6月18日，Facebook旗下全球加密货币项目Libra官方网站正式上线，并发布Libra白皮书。根据白皮书显示，Libra的目标是以区块链技术为基础，以多种法币为资产储备，打造一种新型全球电子加密货币。2020年年末，Libra正式更名为Diem。

一家世界级的互联网巨头不仅采纳了区块链技术，而且还发了币，影响不言而喻。甚至有人认为，Libra白皮书是继2009年比特币、2013年以太坊后，数字货币领域最重要的一份白皮书。

也许你会很纳闷：Facebook不老老实实做好通信软件，为什么选择在区块链和加密数字货币领域发力？扎克伯格是怎么想的呢？只是为了蹭个区块链热点？

其实，Facebook在推出Diem之前，就已经有过"发币"的尝试。早在2011年，Facebook就已经面向公众发布了Facebook Credits（Facebook积分）。这个积分可以用于付费使用Facebook平台提供的游戏及其他一些非游戏类应用，10个积分等价于1美元，可兑换包括英镑在内的15种法币，甚至配套了专门的支付处理公司Facebook Payments。但是，发布后第二年Facebook就宣布积分项目搁浅，2013年正式退役。可见，从"发币"的角度看，Facebook并非是首次尝试，也绝非心血来潮。

事实上，推出Diem是扎克伯格谋划已久的一件大事。

2018年，扎克伯格曾发布他的个人年度挑战计划。其中提到，希望通过区块链技术和Token让人们从集权式技术系统中取得权力。同时，他还表示很有兴趣研究区块链技术的正面和负面影响，以及如何用最好的方法，把去中心化技术应用到Facebook的服务里。

2019年新年伊始，扎克伯格以一条信息向全世界宣告了进军区块链的决心："我们是应该通过加密，还是通过其他方式下放权力来让人们获得更多权利？"3月，Facebook 元老之一、公司首席产品官克里斯•考克斯（Chris Cox），以及主管WhatsApp业务的副总裁克里斯•丹尼斯（Chris Daniels）宣布辞职。考克斯表示，Facebook未来将专注于加密、可互操作的信息传播网络，需要对此更有兴趣的领导者。5月，Facebook在瑞士日内瓦注册成立了一家金融科技公司Libra Networks。"Libra"即正义女神朱斯提提亚手中的"天秤"，意为公平、民主，这也是基于"去中心化"的区块链游戏规则中最核心的价值观。6月，Libra白皮书正式公布。

所以，分析Facebook 启动数字货币计划的直接动机，很大概率上看，可能与Facebook现有运营及商业模式所面临的巨大威胁有密切关系。

自从2018年Facebook隐私泄露丑闻以来，曾经心高气傲的创业天才扎克伯格便身陷泥淖，媒体的讨伐、听证会上的质询、投资人甚至创业伙伴的责难，让Facebook在欧美形象一落千丈。

这里要给大家详细介绍下曾经轰动一时的"剑桥分析"事件。2018年3月，美国《纽约时报》和英国《卫报》共同发布了深度报道，曝光Facebook上超过5000万用户信息数据被政治数据公司"剑桥分析"获取利用，并向这些用户精准投放广告内容，帮助2016年特朗普团队参选美国总统。据报道，该事件影响了5000万用户，但是最后发现是8700万。

2018年5月，欧盟范围内《通用数据保护法案》正式生效。同一时间，扎克伯格在欧洲议会出席两次听证会，并接受质询。其中第一次相对温和，第二次则杀气腾腾。随后，扎克伯格因为拒绝赴英国接受质询而险些遭逮捕，使得他清楚地认识到，在美国，特别是在欧洲，Facebook现在的商业模式将面临根本上的威胁。

2019年7月，据《华尔街日报》消息，美国联邦贸易委员会（FTC）批准了与

Facebook 达成的约50亿美元的和解协议。这一高数额罚款是针对 Facebook 近两年来违反用户隐私保护策略，特别是"剑桥分析"事件的处罚。

我们再来看Facebook目前的商业模式，它主要是通过无偿或者低成本占有用户数据，再通过高水平的大数据分析准确刻画用户特征和偏好，精准推送广告，赚取广告费。

但是，这一模式有一个致命的问题——它需要获得分析用户数据的权利。如果欧美对于用户数据保护的新规则发生变化，如要求用户数据的所有权和控制权明确划归用户，Facebook必须经过用户明确授权、支付对价之后才能对这些数据进行分析，那么，就意味着Facebook获得用户数据的成本会呈几何式增长，原有商业模式的成本和风险也将大幅度提高，商业前景将一片黯淡。

所以，综合以上事件，我们不难想象，虽然Facebook在2018年净利润高达250亿美元，市值超过5000亿美元，但在舆论和监管的双重危机下，扎克伯格依旧是战战兢兢，如履薄冰，所以他不得不考虑提高数据安全管理以及Facebook新的商业模式的建立。

在扎克伯格不久前的公开言论中，我们也能明显感受到他的心思，如谈及安全，扎克伯格提到，区块链是Facebook打造以隐私为核心的社交平台愿景的重要部分——在这个平台上，从短信到安全支付，你可以通过你想要的任何方式进行互动。

此外，扎克伯格也在Facebook上发文解释说，随着时间的推移，希望为人们和企业提供更多服务，如只需按一下按钮即可支付账单，通过扫描代码购买咖啡或乘坐当地公共交通工具而无须携带现金或地铁卡。

这听起来是不是有点熟悉？就连Twitter上都有不少人评论说，看完Facebook白皮书后，发现区块链只是表象，实质更让人想起微信支付。尽管这些场景对于支付宝和微信用户已经再熟悉不过，但是在美国、欧洲，无论是苹果还是Google，都没能以手机移动支付复制支付宝与微信在中国的辉煌。美国仍旧是一个到处刷信用卡的世界，小店10美元以下还需收取手续费。单从便捷支付这一点来看，Diem的推出就给了人们很大的想象空间。

当然，我们还要继续关注Facebook公布Diem白皮书之后的项目实际落地情况。虽然Facebook公司的综合实力很强，且拥有广泛的用户基础，但Diem的落地绝非起草一纸白皮书那么简单。

从互联网应用发展的进程看，早期互联网企业在业务层层突破的前进道路上走过的每一步，都为今天的我们提供了重要的实践依据。

1998年成立的新浪网，直到2000年才正式获得国家批准的登载新闻业务资格，成为中国民营商业网站中首批获得政府机构许可的网站；马云2004年创立支付宝时，国内还没有支付牌照，7年后的2011年，支付宝才获得央行颁发的国内第一批支付牌照。对于一个新生事物来说，获得监管机构的完全认可确实需要经历一个过程。

凡事有度，过犹不及。很多事情做得过早，或者做得过于极端，可能结果都未必理想。对于想要发币的企业来说也是如此，选择一个合适的契机很重要。所以，Diem虽然愿景美好，但能否如期推出并顺利发展，我们还得交给时间来评判。

延伸阅读：

扎克伯格发表公开信分享Libra未来愿景

2019年7月25日，Facebook创始人兼CEO马克·扎克伯格在Facebook个人主页上发布了一份公开信，分享了公司在上个季度的最新成果以及未来愿景，并且讲到了Facebook的最新项目Libra，描述了一幅为全球数十亿用户提供一种安全、稳定、监管良好的新货币愿景。

以下是英文公开信的内容翻译节选：

支付是其中一个让我特别兴奋的部分。当我看到我们可以更容易地进行私人互动时，从长远来看，支付可能是最重要的。我们将继续在印度测试WhatsApp的支付功能，并即将在其他国家推出。

未来，我们将允许人们使用相同的支付账户，在WhatsApp上向朋友和企业转账，在Instagram上购物，或在Facebook上进行交易。能够像发送照片一样简单地发送金钱，将为企业开辟新的机会。

更广泛地说，我相信有机会帮助更多的人获得金融工具。

上个月，我们宣布正在与其他27个组织合作组成天秤座协会（Libra Association）。该协会将创造一种名为Libra的新货币，它将由区块链技术提供动力。

天秤座协会将独立于Facebook或任何其他成员，但我们计划在我们的服务中支持这种货币。其目标是让全球数十亿使用WhatsApp等服务、但可能被排除在银行服务之外的人能够使用一种安全、稳定、监管良好的加密货币。

这里有很多可能性，Facebook和天秤座协会都计划与监管机构合作，帮助他们在天秤座推出之前解决所有的担忧。我们与该协会的其他潜在成员合作，提前发布了一份白皮书，明确概述了天秤座的概念，这样我们就可以在公开场合解决这些重要的问题。我们致力于与政策制定者合作，把这个问题解决好。

第 25 讲　Diem 会颠覆银行系统吗?

在上一讲，我们讲到了Facebook推出Diem的背景和可能的动机。在我看来，Diem的推出能够引起世界范围内的巨大关注，一方面在于Facebook自身在互联网世界的巨大影响力，进军加密数字货币领域无疑是整个互联网行业以及区块链行业的大新闻；另一方面在于让更多人看到了Facebook背后进军金融市场的野心，这一点或许是更多金融领域的业内人士所格外关心的地方。

中国建设银行副行长黄毅在谈及Facebook发行稳定币项目时说过一句话：如果这一模式成功，那么对银行系统不是"挑战"，而是"颠覆"。CSDN蒋涛有个说法也很有趣：当今全球金融系统就像变革前的清政府，腐蚀化却难以自我进化，他甚至把Facebook发币比作"打响了全球金融系统'辛亥革命'的第一枪"。

上面的这些说法，真的不是危言耸听。如果你就在银行、证券等传统金融行业工作，那么，请真的不要忽视Diem的出现，它将来可能会逐渐改变你的职业路径，甚至让你丢掉目前的金饭碗。

接下来，咱们一起来看看Diem是如何影响银行等传统金融系统的。

在其白皮书中，开头就明确提出了Diem的使命：建立一套简单的、无国界的货币和为数十亿人服务的金融基础设施。我搜索了12页的Diem白皮书，"普惠"这个词用了6次。Diem的核心思想是创建更普惠的金融体系，为世界建立更普惠的金融服务。

可能你对普惠金融还不太了解，如果简单抽象地去理解，普惠金融主要包括支付、理财和借贷这几大基本金融应用场景。其实我们每天都在享受普惠金融的便利，微信支付、支付宝可以充分满足普惠金融的基本需求。

扎克伯格也在Facebook上发布博客解释说："随着时间的推移，我们希望为人们和企业提供更多服务，如只需按一下按钮即可支付账单，通过扫描代码购买咖啡或乘坐当地公共交通工具而无须携带现金或地铁卡。"

但是，扎克伯格所描述的普惠金融的典型场景，目前在绝大多数发展中国家，尤其在印度和撒哈拉以南的非洲地区，还远远没有做到。因为在那些地方，常规的金融服务还很落后，很多人甚至都没有银行账户。

白皮书中，Facebook引用了一项2017年世界银行的数据，数据中称，17亿人无法访问金融机构，在这些人中，大约有10亿人拥有手机，5亿人可以上网。

Diem给出的解决方案则是，跳过银行，直接使用区块链支付，即用户只需要一部40美元的手机，就能在没有银行卡、不经过银行的情况下，简单地实现无国界支付。

我们来看一个实际的场景：生活在哥伦比亚边境城市库库塔的居民的生活，可能会因为Libra的推出而发生质的变化。

每天，成千上万的委内瑞拉贫民都会涌入库库塔这个闷热的小镇，购买食品和药品，因为在委内瑞拉这些东西都非常稀缺。

然而，对于他们当中的大多数人来说，购买商品之前，第一个要去的地方却是西联汇款，因为买食品和药品的钱要靠国外亲戚寄过来。这种跨境汇款的需求非常大，以至于很多人不得不在西联开门的前一晚通宵排队，甚至直接在人行道上过夜。

虽然依靠加密数字货币可以一定程度上解决跨境汇款难的问题，但这个小城的商家却不太愿意采用加密货币，目前只有少数人愿意接受它。一名数据支付的软件开发商和联合创始人桑切斯如是说："其实原因也不难理解，如商家担心比特币行情会剧烈波动、数字钱包太难用；还有人担心这些加密货币的合法性。"

如果Diem能够顺利推出，基于其价值相对稳定、便捷易用等特点，就可以克服跨境汇款过程中遇到的困难，毕竟Facebook是一个已经拥有庞大用户量的平台。

Diem不仅能够帮助用户解决传统金融机构服务门槛高的问题，更为重要的是，它还大幅降低了人们使用金融工具的成本，这也是普惠金融的重要体现。

传统金融世界里，由专门的类似银行的机构在运作，庞大的组织运作需要高昂的成本，如果分摊到每一个金融最终用户身上，就形成了货币本身的使用成本。货币使用成本存在一种倒置的现象，就是钱越少的人实际上付出的成本代价越高，因为对于银行来说，很多费用按笔收取，银行对大客户有利可图，费用比例往往会更低。

银行间发生业务往来存在多种手续费，如汇款手续费、电汇手续费、透支手续费和ATM手续费等，这些问题很难交给银行解决。因为银行对这种问题视而不见，认为收取手续费理所应当。而Diem认为，穷人为金融服务支付的费用太多。

以互联网支付为例，Facebook如果可以向Diem有效转化用户，经过若干年的发展，一年将承载50万亿～80万亿美元交易量，而Diem只需要收取千分之二的手续费，收入就比现在Facebook全部营收还要高。

CSDN副总裁孟岩之前曾表示，除了互联网支付、跨境支付以外，Facebook也一定不会排除与银行、基金、证券公司、交易所、保险公司等传统金融机构合作，在自己的体系中创建各种金融产品，成为用户的金融服务入口。孟岩甚至认为，Facebook有一天或许会成为全球最大的金融中介，并赚取高额的中介费用。

不同于支付宝与微信仍然需要绑定法币、和银行合作，自己发行加密数字货币的Libra则可以说完完全全把主动权拿到了自己手里。

根据白皮书的描述，Diem还要建立一个类似"中央银行"的协会组织——非营利性会员组织Diem协会，总部设在瑞士日内瓦，目前有28名创始成员。每名会员需要缴纳1000万美元的会员费用，从而可以在区块链上运行节点，以便获得数据查看和数据写入的权限。

Diem协会是唯一有权力"创造"和"销毁"Diem货币的组织。协会建立一个资金储备，当用户用Diem认可的法定货币兑换Diem货币，就将法定货币纳入资金储备中，同时创造新的Diem货币。随后，用户再用Diem货币进行支付和转账。当Diem换回法币，则需要在系统中"销币"。

曾经，Diem计划把维萨（VISA）和万事达（Mastercard）这样的支付业巨头纳入协会成员，毕竟支付业本身就是一个完整的金融上下游结构，涉及支付、清算、结汇等多个环节。单靠Diem来推动，一定会遇到很大阻力，特别是来自传统金融机构的阻力。与其这样，不如首先联合起来，各取所需，各谋所利。

我相信，白皮书中为Diem勾描的未来场景，终有一天会真实地到来：Facebook、WhatsApp和Messaging的用户可以购买Diem，存到一个叫Novi的数码钱包里，未来租车公司Uber、维萨（VISA）和万事达（Mastercard）信用卡、网上支付PayPal、手机运营商沃达丰、eBay、Spotify等都可能会接受Diem付款……

延伸阅读：

Diem是一场无国界、无主权的新金融实验

"为什么我们不能用手机像给朋友发消息一样简单快速地转钱呢？"

"为什么不能创造一种稳定、安全并且能在全世界范围内使用的货币？"

"我们能不能让每个参与全球经济的人都平等地享受金融服务？"

打造全球支付新体系

改善现有货币体系

实现普惠金融

☐ **更自由**：通过全球性的底层清算网络，用户可以在世界上的任何一个地方彼此进行点对点直接交易。

☐ **更安全**：基于分布式记账技术的底层网络，在安全性和保护用户个人财富自由等方面具有优势。

☐ **低波动性**：不锚定一种法币，而是锚定一揽子货币，类似国际货币基金组织的特别提款权（SDR）。

☐ **无国界**：不受任何主权国家的独立监管，并对用户不具有排异性。

☐ **成本低**：通过P2P交易，让所有参与业务的用户直接分摊成本，无须支付第三方费用，降低使用成本。

☐ **门槛低**：加入Diem网络的用户，能够以极低的门槛进入，享受Diem带来的各种便利服务。

图3-1　Diem

资料来源：火星财经。

第 26 讲　支付宝和微信会效仿 Diem
推出自己的数字货币吗？

在上一讲，我们分析了Diem打算进军金融市场的野心。当提到搭建普惠金融应用场景的时候，比如，只需按一下按钮即可支付账单，通过扫描代码购买咖啡，乘坐当地公共交通工具而无须携带现金或地铁卡……可能首先映入你脑海的就是微信支付和支付宝。

没错，Diem也这样想。2019年7月17日，美国国会众议院对Facebook数字货币展开的题为《审查Facebook提出的数字货币以及其对消费者、投资者和美国金融系统的影响》的听证会上，Facebook的区块链项目负责人马库斯默认，Diem与微信、支付宝将是竞争关系，同样是一种支付工具。

有人说，Diem就是抄袭微信和支付宝，乍看起来好像如此，但其实它们之间有很多不同。

第一，锚定物不同。微信和支付宝是1∶1锚定人民币，而Diem是锚定一揽子主权货币而不是某一国主权货币。

第二，支付渠道不同。微信和支付宝的每一个支付动作的完成，背后都有企业与中心化结算银行进行一系列的清算动作，而Diem是国际性机构，可以不经过第三方结算，不需要央行处理。

第三，运作方式不同。微信和支付宝为中心化运作，用户支付流程经由微信、支付宝等平台进行中转，再交由银行清算，而Diem为多中心运作，和MasterCard、VISA、PayPal等支付巨头组成超级节点，目前已经有28家各行业头部企业作为超级节点参与了进来，未来Diem正式发行时，可能会形成100个超级节点，用户与企业的交易行为可以点对点进行，无须经过银行处理。

我还特别注意到，Facebook公布的100个盟友节点中，淘宝的对手eBay、支付宝和微信支付的对手PayPal等都位列其中。与Facebook结盟后的eBay、PayPal会否借助Diem重新挑战阿里巴巴、微信在电子商务、移动支付领域的地位？我们不禁要打个大大的问号。

所以，如果你只是简单地认为，Diem就是抄袭微信和支付宝，或者说支付宝、微信和Diem之间仅仅差了一个加密货币，事情可能还真没有这么简单。

你也许会问，微信和支付宝继续深耕自己的业务，不理会Diem不行吗？面对即将推出的Diem，它们真的要到了兵戎相见的地步了？

目前Diem还在发展初期，在使用规模上难以和目前的微信、支付宝匹敌，尤其是在中国市场上。根据2019年最新财报显示，阿里巴巴的月活用户为7.21亿，微信和WeChat合并用户为11.2亿，因为中国无法使用Facebook，Diem支付几乎不存在在中国使用的可能，Diem对微信和支付宝的影响主要体现在海外市场上。

根据2018年的一组数据，全球移动支付用户数排名第一和第二的就是微信和支付宝，然后是美国的PayPal，微信和支付宝的用户数是PayPal的5倍还多。尤其随着中国人境外旅游增多，微信和支付宝的海外扩张之路也随之顺风顺水。

Facebook可以说是国际上使用最普遍的社交软件，在全球拥有27亿的用户，在海外用户规模上，Facebook远超支付宝和微信。一旦Diem发展起来，Facebook借机推广自己的移动支付和建立以Diem为基础的金融服务，这对于支付宝和微信的海外扩张来说，肯定是个沉重的打击。

那么，面对Diem的咄咄逼人态势，微信和支付宝是怎么想和怎么做的呢？

我相信，Facebook发币一定已经引起了腾讯和阿里的高度重视，但是两家巨头在中国市场的护城河已经足够深，即便Facebook如期推出了Diem，它也不太可能对微信和支付宝的中国本地市场构成重大挑战。

从现状看，国内互联网巨头似乎不太可能跟随Facebook的脚步进入加密数字货币领域——但可以肯定的是，几乎所有的互联网大佬们都在关注Facebook发币这件事。

比如，在腾讯的马化腾看来，监管将成为Facebook加密货币计划成功的决定性因素，他在自己微信好友的朋友圈里写道："Facebook的技术已经足够成熟，因此实施起来并不困难。现在只取决于是否能获得监管部门的批准。"这番表态不禁让人想起他在2018年3月参加全国两会期间，评论加密货币的看法："区块链技术的伟大之处，取决于它的使用方式。发行初始代币产品或数字货币仍然存在较大的风险。腾讯不会发币，也不会考虑参与其中。"

再来看蚂蚁金服。2019年5月，蚂蚁金服区块链部门负责人张辉在公开演讲时提到，蚂蚁金服正在探索如何以"某种形式的代币（some form of a token）"在区块链上发行数字资产，这些资产会与实体世界的某些价值相互挂钩，如法币或其他类型资产，但他并未透露有任何具体计划。

稍早前，阿里巴巴集团学术委员会主席曾鸣做客《王峰十问》时，曾经提到，早在2015年左右，他就和蚂蚁金服战略部的同事聊过区块链可能对金融行业的冲击，并在公司内部成立了一个兴趣小组；2016年，蚂蚁金服首次利用区块链尝试开展了一个公益项目；2016年年底，阿里巴巴的长期战略会也讨论了区块链对于未来的重要性。

微信和蚂蚁金服，虽然各自在积极向海外市场扩张，但这两家互联网巨头都没有发行加密货币，而是采取了传统的战略和谨慎的做法，如与本地支付服务提供商开展合作，为当地用户提供支付服务等。

到底哪种答案是最优的解决方案？我们现在还不得而知。或许，与其讨论支付宝和微信会不会效仿Diem推出自己的数字货币，倒不如更多地关注中国是不是也需要发行类似Diem的数字货币？

正如不久前，华为任正非在公开场合发表的言论："中国自己也可以发行（Diem）这样的货币，为什么要等别人发行呢？一个国家的力量总比一家互联网公司强大。"

过去一段时间，我们常常提到"互联网+制造""互联网+硬件"等，从实践结果看都遭遇了极大的困难，事实证明它们是很难走通的。

在我看来，互联网公司的核心业务范畴正在从提供信息服务的第一阶段，到提供商业服务的第二阶段，再到如今提供金融服务的第三阶段过渡。互联网业务的金融化已经是大势所趋。而区块链技术的出现为互联网公司进入金融领域提供了一条合适的路径。

如果Diem未来取得成功，今后互联网巨头的竞争将逐渐从流量入口和应用场景的争夺，转变为资金流转和信用主体的争夺，融合了区块链技术、装备了数字资产的新兴互联网企业会更加强大，它们将实现对传统互联网企业的降维打击。

从这个角度看，微信和支付宝真的不能对Diem掉以轻心，战略上的慢半拍可能造成整体业务的全面受挫。

大家可以思考下：受Facebook发币影响的提振，在接下来的阶段，传统互联网公司会不会掀起一股发币潮？

延伸阅读：

"韩国版微信"开始抢占区块链市场

Kakao在韩国拥有96%的市场份额，业务涉及通信、游戏、内容服务、金融服务和移动服务，其通信应用KakaoTalk被称作"韩国版微信"。

2018年3月，Kakao便宣布了推出区块链平台的计划，并在2018年10月发布了Klaytn的测试版本，该平台专注于去中心化应用（DApps），开发商也正与大约10家国内外合作伙伴合作，测试新的生态系统。

Kakao的区块链平台GroundX于2020年6月3日发布加密货币钱包Klip，用来支持 Kakao 区块链平台Klaytn和其代币Klay。用户可通过Kakao Talk在Klip上进行加密货币转账，以及管理在加密货币交易平台和个人钱包等中的加密货币资产。

图3-2 区块链平台Klaytn的创始合作伙伴

第 27 讲 为什么许多国家的央行会对 Diem 忧心忡忡?

如果你关注Diem的消息,一定会注意到,Facebook发行加密数字货币的事情,竟然被各国政府和监管机构纷纷盯上了,各国央行和财政部等政府机构密集发声:

——美联储主席表示:在Facebook解决监管问题前不应允许推出Diem。

——欧洲央行表示:Facebook必须提供更多关于Diem的信息,如果不提供更多信息,Facebook可能得不到批准,并对其进行监管,以保证它不会危及当地金融体系和被用作洗钱。

—— 英国央行表示:Facebook的加密货币Diem从第一天开始就必须保证绝对可靠,否则就不要开始。同时央行需考虑Diem对金融和货币稳定的影响,Facebook及其合作伙伴需要在反洗钱和数据保护等方面满足监管机构,这一切必须在该支付系统正式启动之前完成。

—— 法国央行表示:财政部长计划组建"稳定币"项目特别工作组,包括Diem计划。虽然Diem能提高跨境汇款的效率，但是其必须遵守反洗钱规定。Diem必须确保交易和用户数据完全安全。如果Diem提供存款等银行服务，需要像一家银行一样拥有银行执照，否则就是非法的。

—— 澳大利亚央行表示：在采用Facebook提案之前仍有许多问题需要解决，Facebook必须要拿得出一个可靠的商业案例。

甚至有统计报告显示，如果2020年Diem推出，全世界可能只有12个市场做好了接纳它的准备。

最后，Diem官方不得不发布声明："Diem可在所有'允许'使用加密货币的国家/地区使用。"

那么，一家互联网公司发行数字货币，为什么能和各国央行扯上关系呢？在我看来，Diem一经推出就被各国政府广泛关注的最主要原因，是Diem被很多国家视作未来超主权货币的潜在竞争者，甚至很有可能冲击一国现有的货币体系。

我们回顾一下经济和金融史。随着全球化的推进，国际贸易规模迅速扩大，为了降低交易成本，人们需要统一的世界货币作为国际贸易和储备货币。在过去，雅典的银币、拜占庭的金币、佛罗伦萨的佛罗林、荷兰盾、西班牙比索和英镑都扮演过国际货币的角色，而今天，这一角色似乎由美元在主导。

而根据白皮书信息，Diem号称要打造一种新的全球货币，满足数十亿人的日常金融需求，能够集世界上最佳货币的特征于一体：稳定性、低通货膨胀率、全球普遍接受和可互换性。

此外，白皮书显示，Diem并非只锚定美元，而是锚定一揽子货币，如美元、日元、英镑等的组合，这跟国际货币基金组织的特别提款权（SDR）有神似之处。

如果Diem锚定美元，那么未来当Diem掌握铸币权的时候，Facebook事实上就成为美联储之外的另一个美元央行；而锚定一揽子货币事实上就是创造一个独立的货币。

这样来看，Diem扮演"世界货币"的角色越发明朗了，各国央行担心的原因也就不言自明了：Diem有可能会替代部分国家主权货币，甚至成为一种强势货币，逐渐侵蚀弱势货币。

如今，全球的强势货币主要是美元，美元化的过程也一直在进行。极端一些的例子比如非洲某国，已经废除本币，转而使用了美元作为货币了，而且在中东欧、中亚等地区也出现了较为明显的美元化趋势。中小国家的经济体量相对有限，其所发行的信用货币质量远不及Diem，且Diem抢先于当地政府构建起完善的金融基础设施，使该国主权货币逐渐被挤出。

英国知名杂志《经济学人》报道称，"Diem潜力巨大。如果Facebook 20多亿用户将自己的一部分储蓄换成Diem保存，那么它将立刻成为全球流通最多的货币之一。如果得到广泛应用，它也会让发行者手握前所未有的权力。Diem不仅对Facebook业务影响深远，对全球金融体系的影响更是如此。"

除了担心自己国家的主权货币受到打击，Diem还会使各国外汇管制难度大增，因为Diem为各国民众提供了间接换汇渠道（如人民币-Diem-美元），这对各国的外汇管制提出了挑战；同时，各国货币政策的实施难度也会大大提高，资产价格有可能会脱离本国央行的控制。货币政策是国家经济社会稳定运行的重要基石，如果它不稳了，后果可想而知。

当然，也并不是所有的人都看好Diem能够扮演世界货币的角色。国家金融研究院院长朱民认为，"Diem现在有很多问题，比如杠杆性问题、储备问题、中央集中的管理体制和机制，它还在非常初始的阶段，能不能成功不知道。我们对Diem的出世是不应该掉以轻心的，它对现有的金融体系、货币体系甚至未来的储备体系都会有很大冲击。"

在中国金融学会会长周小川看来，"未来可能会出现一种更加国际化、全球化的货币，是一种强势的货币，导致主要货币和它产生兑换关系，这个东西并不一定是Diem，但从最近几年的趋势看，会有不少机构和人员试图建立一种更有利于全球化的货币。"

实际上，很多国家央行都在积极筹划自己国家的数字货币：美国正在考虑发行FedCoin（联邦币）；俄罗斯正在探索央行数字货币（CBDC）；瑞典央行目前正在考虑推出名为电子克朗（e-Krona）的央行数字货币；泰国中央银行（BOT）也对外宣布了名为CTH的央行数字货币项目……

2019年8月10日，中国人民银行支付结算司副司长穆长春公开表示，央行数字货币已经呼之欲出，并将采用双层运营体系，即先把数字货币兑换给银行或者其他运营机构，再由这些机构兑换给公众。彭博社认为，"中国将成为首个推出央行数字货币的主要经济体。"

央行发行的数字货币既可以像现金一样易于流通，有利于人民币的流通和国际化，同时可以实现可控匿名，将是一场货币体系的重大变革。

此时此刻，大洋两岸的中美贸易战依旧处在白热化的胶着阶段。如果说5G是信息互联网升级的关键基础设施，那么数字货币一样是数字经济升级的最重要基础设施。在我看来，以Facebook发币为标志性事件的下一代金融创新制高点的秩序重构之争，其重要性可能丝毫不亚于以5G为代表的下一代通信标准协议的升级大战。希望在区块链技术推动金融基础设施重构的这场剧烈变革过程中，中国能发起新的规则，进而深刻地改变未来世界金融秩序。

早在1976年，哈耶克在《货币的非国家化》一书中就提到，应该允许一种自由货币体系，让各种货币之间相互竞争来优胜劣汰，而不是天然接受政府控制发行货币的权力。哈耶克"货币非国家化"的假想，会不会在Diem上得到实践？Diem会成为第一个全球化的数字货币吗？我们都不得而知。

不过，我们真的要对Diem多一些警觉思考。毕竟，凡事预则立，不预则废。如今，Diem对各国货币政策的挑战已经箭在弦上，接下来要看我们有什么大智慧去迎刃而解吧。

延伸阅读：

私人机构发行的货币能战胜金币吗？

以下内容节选自哈耶克的《货币的非国家化》（见图3-3）一书：

图3-3　哈耶克《货币的非国家化》中译本封面

——在多种货币自由竞争的环境中，金币很有可能最初是最受欢迎的……但我想，它恐怕不会战胜私人发行的其他形态的货币……但从长远来看，同样的事实也会使得黄金劣于竞争性机构发行的符号性货币，而这些机构的生意取决于能否成功地管理其发钞数量、保持该种货币价值的大体平稳。

——一般认为，政府承担的任务最初当然不是制造货币，而是担保普遍地被用作货币的那些东西的重量和成色，金属块只有在打上了正当的权力当局的印鉴之后，才被认为是真正的货币，而该当局之使命应当是确保这些铸币具有准确的重量和十足的成色，从而标明其真实的值。近代以来政府之所以不断扩张，在很大程度上是由于它能够通过发行货币来弥补其赤字——而借口经常是它将因此创造就业机会。为了使某一研究题目更容易用数学处理而引入现实世界中根本就不存在的严格的区分，并不能使其研究更科学，而只能使之更不合乎科学。

——在我看来，货币主义理论在所有情形下都会面临的主要缺陷是，它突出强调货币数量的变动对价格总体水平的影响，因而使人们过分地仅仅关注通货膨胀和通货紧缩对于债权债务关系的有害影响，却忽略了向流通中注入和撤出货币的数量对于相对价格的结构所产生的更为重要、危害也更大的影响，因为它会扭曲资源的配置，尤其是会导致投资向错误的方向上配置。

第 28 讲　Diem 会引起加密数字货币市场的大洗牌？

在前面几讲里，我们一起探讨了 Diem 的推出可能会对银行系统、互联网巨头及法定货币等产生的一系列影响，但需要提醒你的是，Diem 的本质其实还是加密数字货币。在很大程度上，Diem 的出现也将引起整个加密数字货币市场的一场大变革。

我们先来看一个数字：27 亿，这是目前 Facebook 的用户总量。试想一下，如果 Facebook 旗下的每一个移动 App 都将变成 Diem 支付网络的一个"轻节点"或者"钱包"，任何一个用户都可以随时连接到这个支付网络之中，那么 Diem 的发布就会让 Facebook 一夜之间拥有 27 亿个数字货币移动终端。

钱包服务是通向数字资产生态世界的最重要入口。有数据统计，2018 年的加密钱包用户数量比 2017 年增加了 48%，从 2017 年的 2150 万增加到 2018 年的 3191 万。

但是，这3000多万的钱包数量，还不及Diem的一个零头多。Diem有望成为世界上第一个，也是现阶段规模最大的跨境、超主权数字货币支付网络。

我看到一种说法，如果说上一个牛市让比特币走进了主流的视野，而下一个牛市的任务就是把他们当中的大部分人都带进场。如今，拥有27亿个数字货币移动终端连接的Diem如期发布，它真的可能会启动下一个大牛市的到来。

接下来，咱们再来看看Diem的推出会对目前加密数字货币领域的几个核心项目有什么影响。

首先看比特币。

比特币是一种数字资产，而Diem的目标是成为一种稳定的交换媒介，两者价值体系的基础具有很大差别。

在不少人看来，Facebook进军加密货币，会利好比特币，因为大大加快了教育用户的速度。例如，委内瑞拉发行石油加密货币时，政府不断努力教育委内瑞拉人使用加密货币，后来却引发了委内瑞拉人比特币使用率的飙升。

不过，我觉得有趣的是，即使是Facebook数十亿用户中的一小部分人，投身参与到加密货币世界中，也很有可能在整个加密货币领域产生投资和使用的连锁反应。

随着Diem的发布，数字货币市场的币币交易会更加活跃，数字资产一部分货币化，一部分证券化，彼此交易一定更开放，而比特币作为比价的基石，具备数字货币市场的黄金属性，价格自然也会继续推高。

其次看看以太坊和其他公有链。

Move已经介入到智能合约编程语言，直接冲击以太坊开发者生态。虽然Diem 并未直接表示 Move 编程语言是不是一个图灵完备的体系，但从白皮书中可以看到，通过Move语言可以发行数字货币、Token和数字资产，灵活处理区块链交易，实施验证器（Validator）管理。Move语言实质上是为数字资产而生的智能合约平台型语言，然而，这个角色本来应该属于以太坊的solidity。

在Diem团队看来，当前非许可链（公有链）不存在成熟的解决方案能够支撑数十亿人的使用需求，目前设计Diem为许可链（联盟链），将在发布五年内转向非许可链。

Diem的这种"应用场景和数字货币结合"优先于"发展技术挑战不可能三角"的做法，将对Diem区块链生态体系建设起到巨大推动作用，这可能让很多所谓还在努力提高技术参数指标的新一代公有链的生态空间进一步被压缩。

或许随着Diem的诞生，便宣告公有链之争可以告一段落了，说不定这是扎克伯格意欲收获世界货币之外的另一个如意算盘。

最后看稳定币。我们了解到Diem不是锚定一种法币，而是锚定一揽子货币，这跟国际货币基金组织的特别提款权（SDR）有异曲同工之处，这也是Diem稳定币与USDT等稳定币最明显的不同。Diem如能顺利推出，可能一举把USDT推下稳定币的王座，并导致USDC、TUSD、GUSD、PAX等新兴稳定币的不断衰落。

另外，Diem能够满足灵活方便地处理跨境转账、即时支付等金融需求，会大大冲击那些以跨境汇款为发展方向的加密货币，首当其冲便是瑞波币（XRP），有人甚至认为Facebook的进场意味着XRP的寿命进入了倒计时。

Diem的推出，不仅会使加密数字货币受到一定的冲击，交易所也会受到很大影响。Diem协会鼓励在全球多个受监管的电子交易所公开交易Diem。徐明星在Twitter上就曾主动对Diem抛出橄榄枝："OK集团可以提供Facebook所需要的一切，包括技术、经验与资金。"

近年来，排在前几位的加密数字货币交易所一直被币安、火币、OK等几家交易所垄断。如果携大量用户而来的Facebook有选择性地与哪家交易所开展合作，那么目前的主流交易所竞争格局同样会存在巨大的变数。

我听到过这样一种声音：Facebook的Diem算不上真正意义的区块链，因为受到资产发行方、管理方的限制，Diem很难做到去中心化。

在我看来，Facebook的Diem是不是真正意义的区块链其实并不重要，互联网和区块链根本不是替代关系，而是最佳融合关系，不应过分地讨论中心化和去中心化。

对于区块链及数字货币市场来说，Facebook发布Diem，其意义恰如微软在操作系统中嵌入IE浏览器。随着IE的不断迭代，让当时的竞争对手网景浏览器变得不堪一击，但更重要的是，它让更多的人通过IE享受到互联网世界的便捷，大大加快了互联网应用的开发和落地，开启了互联网大繁荣的新时代。

Diem的横空出世会带动更多的交易场景涌现，很可能把全世界20亿以上人口引向通往投资比特币、拥抱数字资产世界的大门。重新看看世界，未来可预期的时间里，加密数字资产一定会有更加广阔的市场基础。

由区块链新技术所推动的开放金融必将成为全球化竞争的下一个重要领

域，谁也回避不了。一场开放式金融革命将会涌现，中本聪和比特币将更加伟大。

延伸阅读：

Diem的全球合作伙伴网络

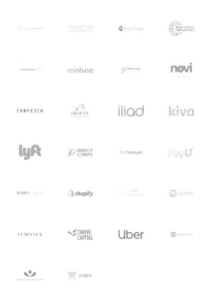

图3-4　Diem合作网（截至2020年7月底）

资料来源：Diem官方宣传资料。

Diem协会由各种企业、非营利组织、多边组织和学术机构治理构成。组织如要加入协会，需在网络中运行验证者节点并参与网络治理。

Diem协会成员的职责包括以下几点。

（1）治理。协会成员需参与制定有关Diem区块链开发的关键决策、管理Diem储备以及募集有社会影响力的资助。

（2）部署。协会成员需运行Diem区块链所依赖的验证者节点。验证者节点负责保护Diem网络的安全和验证区块链上的交易。

（3）战略。协会成员负责制定 Diem 生态系统和 Diem 储备的长期战略，并将带头进行有社会影响力的资助，作为对金融普惠的支持。

|第4章| 为什么区块链首先是一场金融革命

第29讲 摩根大通推出摩根币的背后，打的是什么算盘?

在第一章介绍比特币时，我们就提到了，比特币是区块链的第一个应用，把比特币比作区块链之母，一点都不为过。根据比特币创始人中本聪的设想，比特币就是无须依赖中间机构的电子交易系统，是对世界全新货币系统的一场伟大实验，从这个角度说，货币、交易等这些金融属性是区块链从比特币的娘胎里带来的，因此有人说，区块链的天然属性就是金融。

可能你还不了解，"金融"这个词其实是个舶来语，源自明治维新（1868年）后的日本，它最早是指"金钱融通"。黄金是当时国际贸易中唯一的媒介，人们在制作标准金条时，需要将黄金熔化成型，才能用于流通，这可能就是"金融"一词的本意，即将金属熔化。后来，"金融"被引申到表示与货币、信用有关的交易和经济活动。简单地讲，金融的内容可概括为货币的发行与回笼，存款的吸收与付出，贷款的发放与回收，金银、外汇的买卖，有价证券的发行与转让，保险、信托、国内国际的货币结算等。

2015年10月31日，区块链首次登上英国知名杂志《经济学人》封面，标题是《区块链，信任的机器》。在我看来，被称为分布式加密技术的区块链，主要解决的是信用问题。跨主体缺乏信任和需要数据确权的场景都有区块链的用武之地，而这恰恰在金融行业具有广泛的现实需求。

像摩根大通、高盛、富国银行等行业内有名的金融机构，自然不会错过区块链应用的机遇，事实上，发行区块链通证也好，做联盟链、私有链也好，这些金融巨头们早已经在区块链领域摩拳擦掌，有所布局。而这其中动静最大的，应该就是拥有2.5万亿美元总资产、占美国存款总额四分之一的金融巨擘——摩根大通（见图4-1）了。

图4-1　位于美国纽约的摩根大通公司总部

接下来，我们一起来看看摩根大通都对区块链做了什么。

2019年2月14日，摩根大通正式对外宣布，将推出自己的加密数字货币"摩根币"，用于银行客户主要业务的即时结算。而摩根大通CEO 杰米·戴蒙过去曾多次把数字货币比作"骗局"，因此摩根大通发币的消息让业界大跌眼镜。

那么，这个摩根币是做什么的？如何帮助摩根大通呢？我们先来了解下它的运行逻辑。摩根币与美元进行1：1挂钩，即1摩根币=1美元。在摩根大通的信用背书下，任何拥有摩根币的用户都可以在摩根大通这家银行中，换取与摩根币数量相等的美元。当用户进行交易时，可以先将自己账户的美元兑换成等量的摩根币，然后再将这些摩根币通过区块链网络与其他持有摩根币的用户进行交易，完成即时的交易记账，待交易完成后，用户可以将自己手里的摩根币兑换成相同数量的法币，从而完成整个交易流程。

借助摩根币，摩根大通的一些业务痛点可以得到显著地改善或解决，其中，减少结算时间和摩擦是最重要的功能之一。比如，摩根大通体系内大型企业客户间的国际支付实现全天实时结算。由于不同的机构交易截止时间和国家在不同系统上运行，电汇有时需要花费一天以上时间。而当一个客户通过区块链向另一个客户汇款时，使用摩根币，将被转移并即时兑换成等值的美元，大大缩短了传统的结算时间。

实际上，除了基于区块链的数字货币之外，跨境支付、权益证明、供应链金融、贷款业务、征信业务、资产转让等领域，也逐渐成为区块链技术落地金融行业的典型应用场景。

比如跨境支付，一直以来，传统的跨境汇款业务因为到账时间慢，常常被人们所诟病，如果在19点后汇款，最早也要次日才有可能到账，通常要等几天。因为跨境汇款涉及不同国家地区的不同机构，流程复杂，需要各个机构逐个进行审批。而如果借助区块链技术，构建一套全球通用的分布式银行间金融交易系统，交易双方直接进行支付，不涉及中间机构，速度和成本都将得到大幅改善。

2018年6月，支付宝在中国香港上线了全球首个基于区块链的电子钱包跨境汇款服务。如果使用香港版的支付宝AlipayHK，向菲律宾钱包Gcash进行跨境汇款，你猜需要多久到账呢？只用3秒。相信你用过一次，体验过区块链技术的甜头后，便再也瞧不上传统跨境转账支付这辆"老爷车"了。

再比如权益证明。在区块链系统中，交易信息具有不可篡改性及可追溯性，该属性可充分应用于对权益的所有者进行确权。借助区块链技术，股权所有者可证明其对该股权的所有权，股权转让也可通过系统转让给下家，整个过程清晰明确，也无须第三方的参与，而且交易记录可以得到永久的存储。

早在2015年，美国的纳斯达克交易所就推出了区块链产品Nasdaq Linq，它是一个私人公司股份管理工具，使用区块链技术来完成和记录私人证券交易。过去，没有上市公司的股权融资和转手交易，需要大量手工作业和基于纸张的工作，需要通过人工处理纸质股票凭证、期权发放和可换票据，需要律师手动验证电子表格等，这可能会造成很多的人为错误，又难以留下审计痕迹。通过Nasdaq Linq，可以极大地缩减结算时间，从过去3天的结算时间压缩到10分钟，而且结算风险还能降低99%，大大降低了资金成本和系统性风险。

总之，区块链通过对分布式系统、共识机制、时序数据结构和密码学等技术方法的巧妙组合运用，实现了去中介化的信用背书，很大程度上解决了多中心由于信息不对称带来的信任问题，给传统金融中介的信用创造机制和商业模式带来了冲击。

最后，我想补充关于摩根币的一个小花絮。目前，虽然摩根大通明确表示，摩根币只在摩根系统内使用，无意向公众发行，对普通用户不可用，但摩根大通CEO杰米·戴蒙又公开说："摩根大通代币可以是内部的，可以是商业的，也可以是消费者的。"这句话无疑给人很多联想空间。

留一道思考题：如果有一天，其他商业伙伴、普通消费者都可以持有摩根币，并允许自由交易，那么摩根币和美元又会有多少区别呢？

延伸阅读：

摩根大通的数字货币JPM Coin

2019年2月，摩根大通宣布计划推出JPM Coin（见图4-2），成为金融业加密数字货币先行者。以下摘自由火星财经编译的摩根大通关于JPM Coin的官方公告。

图4-2　JPM Coin的工作原理

资料来源：摩根大通官方材料。

问题：JPM Coin究竟是什么，有什么用？

JPM Coin是一种数字货币，旨在利用区块链技术实现即时支付。不同参与方在区块链上交换价值（如货币）需要用到数字货币，因此我们创建了JPM Coin。

问题：JPM Coin是法定货币吗？

JPM Coin本身不是法币，而是一种代表美元的数字货币。在摩根大通的指定账户中，我们存放了与之对应的美元。简而言之，1个JPM Coin的价值相当于1美元。当一名客户通过区块链向另一名客户转账时，JPM Coin就会发生转移，立刻兑换为等值的美元，从而缩短了结算时间。

问题：JPM Coin和其他数字货币有何不同？

1. 担保抵押方面

（1）加密货币（如比特币、以太币）的特点：无担保；价值是加密货币固有属性。

（2）锚定法币的稳定币（如USDC、USDT）的特点：在银行持有准备金、担保品透明度因稳定性而异、大多数稳定币声称拥有1∶1的法定抵押物等。

（3）JPM Coin的特点：可以1∶1兑换摩根大通持有的法定货币（如美元）。

2. 区块链技术

（1）加密货币（如比特币、以太币）的特点：面向公众开放。

（2）锚定法币的稳定币（如USDC、USDT）的特点：面向公众开放，某些稳定币（如USDC）只有交易所可以发行（用美元买入）或赎回（以美元卖出），但任何人都可以持有或交易。

（3）JPM Coin的特点：许可制度（即由摩根大通及/或合作伙伴建立的企业级安全区块链解决方案）；只有通过摩根大通KYC的机构客户，才能使用它们进行交易。

3. 用户

（1）加密货币（如比特币、以太币）的特点：主要的零售者；有限的大规模投资者。

（2）锚定法币的稳定币（如USDC、USDT）的特点：零售者；有限的大规模投资者。

（3）JPM Coin的特点：专门服务机构客户（如银行、经纪交易商、公司）。

4. 主要用途

（1）加密货币（如比特币、以太币）的特点：投资。

（2）锚定法币的稳定币（如USDC、USDT）的特点：投资。

（3）JPM Coin的特点：涵盖支付的区块链具体应用。

问题：我可以用JPM Coin进行个人日常消费吗？

JPM Coin目前还是一款原型产品，暂时只在少数摩根大通机构客户中进行测试。我们计划在适当的时候扩大试点项目。JPM Coin目前是为业务之间的资金流动而设计的，也正由于还处于测试阶段，现阶段我们不打算向个人用户开发。也就是说，JPM Coin带来的成本节约和效率提升的好处，最终将惠及摩根大通机构客户下的终端客户。

第30讲　上线9天用户破千万的"相互宝"，到底有什么魔力？

这一讲主要聊聊保险和区块链的故事。

前不久，我看到普华永道的一份报告，提到目前全球正在进行的区块链应用场景探索中，20%以上涉及保险。可能有人觉得这个数字有些夸张，不过仔细想来，将信任视为核心价值主张的保险行业，与天生携带信任基因的区块链技术天生就是一对儿，保险可能是区块链最理想的落地场景之一。

大家对于保险应该不陌生，医疗保险、失业保险、寿险、车险等，可以说每个人都和保险分不开。保险业作为一个古老的行业，已经成为当今社会重要的金融力量。

早在一千年前，中国的海运商人就把货物集中在集体基金中，以支付个人船只倾覆造成的损失。船毁人亡的风险让船东望而却步，如果由几十、几百位船东分担，那么谁也不会破产，于是保险业的雏形就应运而生了。

但是，在过去的十年里，技术已经永久性地改变了许多行业，然而价值几万亿美元的全球保险业在很多方面仍然停滞不前。保险涉及对象包括消费者、经纪人、保险公司和再保险公司，以及保险的主要产品——风险，在整个协作过程中的每一步都可能成为整个系统中潜在的失败点。

一位行为经济学家有这样的说法：金融产品中，最好做的是贷款，最难做的是保险。贷款是先让用户有钱花，还本付息的痛苦在未来。保险却先向用户收钱，未来能否拿回来、能拿回多少都不确定，难怪买保险的远少于贷款的。

那么，区块链技术会如何促进古老的保险行业的发展，甚至是出现颠覆性的变革呢？总地来看，可能会带来以下四个方面的变化。

首先，大大降低保险行业的运营成本。目前，保险公司拓展客户的主要方式，就是派出大量销售人员进行艰难的线下推广，人力与材料成本巨大。我相信你在日常生活中，一定遇到过主动向你打电话或者面询保险业务的地推业务人员。但是，运用区块链的去信任化与共识机制之后，客户只需要在平台下单，智能合约就能把纸质合同转变为可编程代码，所有理赔在智能合约下自动发生，而且赔偿标的价值可以追本溯源，并实现永久性审计跟踪。按照普华永道的研究结果，保险业采用区块链技术可节省出15%～20%的营运费用。

其次，区块链技术能够显著提高保险公司的理赔效率，增强客户的体验满足度。基于区块链技术的电子发票作为理赔凭证，会在生成、传送、储存和使用的全过程中盖上时间戳，既保证了发票真实性，又节省了人工审核环节，理赔流程大大简化；另外，区块链智能合约保证了保险合同、条款的公开透明，一旦满足理赔条件便自动触发赔款流程。

再次，区块链可以帮助保险公司产品开发的升级和迭代。比如，可以将同样一份保单的合同按时间分段，在某些特定时间段内，根据风险的临时变化提供临时性保障。柔性赔付机制可以使保险公司更好地分布存量资金，也能提高赔付的精准度。

最后，区块链有助于保险行业识别与防控客户的道德风险。客户或中介机构利用保险公司与自身的信息不对称进行骗保的欺诈事件时有发生。但是，搭建了区块链平台之后，保险公司一方面通过区块链的公开信息，对个人身份信息、健康医疗记录、资产信息和各项交易记录进行验证，做到核保、核赔之时实现十分准确的判断。同时，客户信息存在于链上，第三方可以通过客户的公共密钥获得这些数据，保险公司就可以根据完善的行为记录，将传统理赔过程中一票多报、虚报虚抵等欺诈行为挡在门外。

2018年10月，继余额宝之后，支付宝正式上线一个现象级爆款产品——相互宝。上线后仅9天，用户数便突破了1000万。细心的朋友一开始还可以发现，在支付宝介绍产品界面的底层，有"相互宝×蚂蚁区块链"字样。没错，它背后还有区块链技术加持。

为了保障公开透明，"相互宝"除了遵循法律法规进行信息披露外，还引入了两大措施：一是设立公示制度，接受全体成员监督，确保只赔给应该赔的人；二是引入了区块链技术，所有的赔案相关证据、资金使用流向通过区块链上的公证处、司法鉴定中心、电子证书中心、法院等全节点见证，除不可篡改外，也具有法律效力。

其实，不光是支付宝这个保险业的"门外汉"，很多传统保险公司也已经未雨绸缪，试水区块链技术。

早在2016年年初，阳光保险就已经推出了基于区块链技术的"阳光贝"积分计划。此外，中国人寿保险、平安保险等国内保险公司，纷纷利用区块链分别实现了积分功能、进行数据公开和建设了区块链保险平台等。

2017年1月，中国人寿保险与蚂蚁金服合作，运用区块链技术，尝试将信息公开。2018年9月，中国人寿保险又与区块链支付管理公司QatarPay合作，旨在实现保险业的数字化转型。2017年年初，中国人民保险落地了基于区块链的养殖保险服务平台和营销管理平台人保V盟。2018年9月，中国人民保险又宣布正与风险管理公司DNV GL 和区块链创业公司VeChain合作，利用区块链技术保护用户数据、分配所有权并增强现有的人工智能。

2018年2月，平安集团旗下科技公司"金融壹账通"正式推出区块链突破性解决方案——BaaS平台壹账链，助力平安保险解决数据同步中的分布式系统中数据同步问题和安全问题。另一方面，壹账链所具备的保护协议、共享式加解密方案、多节点和高性能的底层架构等优势，为平安保险的区块链化转型铺就了道路。

此外，还有专注于农作物产业的安华农险，在推出"惠旅行"这款区块链保险产品后，还计划推出"农业产业+区块链保险"，并即将推出养殖方面的区块链保险产品。

另外，值得一提的是带公益性质的互助类平台，如同心互助、水滴互助、众托帮也都在宣传中提到引入了区块链技术。区块链技术的使用使得任何平台都无法篡改会员信息，同时也不能虚构数字或编造数据，能够保证社群信息的透明、真实和安全。

2018年，美国保险集团、渣打银行和IBM成功地试行了首个跨国保险保单，使用区块链数字身份和智能合约，让用户投保信息、承保范围和保费实现共享。欧洲保险业五大巨头——安联保险、荷兰全球人寿保险（Aegon）、慕尼黑再保险、瑞士再保险和苏黎世保险——联合组建了新的区块链研究组织联盟B3i，对区块链和数字身份在保险行业的应用进行实验。

有报告显示，全球区块链+保险的市场规模预计年均增长率高达84%。虽然区块链数字身份在各行业的应用尚处于起步阶段，但无论是安联保险和瑞士再保险这样的业界巨擘，还是互联网公司和新兴区块链公司，都在努力开发探索，其不仅解决了信任问题，还成为前端渠道、中端承保、后端再保之间的一座桥梁，为传统保险行业的数字化转型提供了新的机遇。

形象地说，区块链依靠公开可查询、不可篡改、不可伪造等特点，给保险再加了一道"保险"。未来保险业的蜕变和升级，区块链真的会大有可为，我们也一定会见证并参与其中，体验到更便捷、更高效和更放心的保险服务。

延伸阅读：

"相互宝"的具体玩法是怎样的？

2018年10月16日，支付宝推出了一款名为"相互宝"的区块链保险产品（见图4-3），一个星期后，参与人数就超过了900万。除了支付宝所带来的流量外，其不同于传统保险的形式及结合区块链技术所带来的信息透明，都是"相互宝"能在短时间内引起巨大关注的因素。

图4-3　相互宝

第31讲　为什么纳斯达克交易所考虑用区块链改造传统证券业务？

这一讲咱们聊聊证券和区块链的故事。

一提到证券，很多人脑海中可能首先想到的会是股票、基金等，除此之外就没有什么概念了，其实证券的范围要比这个范围广泛得多。证券是用来证明券票持有人享有的某种特定权益的法律凭证，广义上说，证券主要包括资本证券、货币证券和商品证券等；狭义上看，证券单指证券市场中的证券产品，如股票、债券、期货等。

事实上，证券已经有五六百年的历史。早在16世纪到17世纪，荷兰的东印度公司创造性地设立了"利益共享，风险共担"的金融机制，借助股票发行筹集了大量资金，大胆踏上了远征东方的海上航线，开创了荷兰海上帝国之路。

1609年，荷兰阿姆斯特朗诞生了人类历史上第一家证券交易所。只要人们愿意，可以随时通过证券交易所购买东印度公司的股票，或者将自己手中的股票变现。只不过当时交易所采取的是证券实物交割方式，需要人们将实物证券存放于交易所才能进行交易。通常，当天的交易至少需要半个月至一个月后才能完成清算。

后来，随着证券市场的发展扩大以及计算机和互联网的普及，证券交易方式逐渐由实物变成无纸化，在极大提升证券交易效率的同时，也大大降低了清算的出错率和运营成本。

2019年8月28日，中国证券业协会发布了《中国证券业发展报告（2019）》，在报告中着重提到了要紧紧抓住以大数据、云计算、人工智能和区块链为代表的新一轮信息技术变革的机遇，积极开发运用证券科技，提高证券科技应用水平，推动传统业务转型，创新业务模式，提高管理效率，形成创新驱动发展新格局。

大家对大数据、人工智能应该多少有些了解，如利用大数据建个模型，可以实现更大范围的数据共享或者提高数据使用效率。但中国证券业协会在报告中还特别提到了区块链这个新名词。那么，区块链对于证券交易能有什么帮助呢？它如何促进证券业的改革？

首先就是降低运转成本，提升运转效率。有人会说，现在买股票太简单了，点两下鼠标、敲几下键盘就搞定，这样的效率已经非常高了。站在用户的体验角度，确实不错，但是证券市场是一个巨无霸似的巨大的系统性工程。比如，证券交易结算流程包括了开户、委托、竞价成交、结算、过户登记等程序，证券系统建设和维护则涉及买方和代理券商、卖方和代理券商、交易所、结算公司、集中证券交收账户、集中资金交收账户等多方的协作。

其次，目前的证券系统在安全性上也不是无懈可击。除去技术层面的因素，管理上的风险也是很大的。上面提到的那么多环节里,任何一个地方信息不对称就容易被人钻空子。

当前由中心化的第三方信用或信息中介机构作为担保,帮助人们实现价值交换的证券体系结构,可以依靠区块链的共识机制、不可篡改等特性,实现从中心化信任到弱中心化的转变,这给证券行业的发展带来了更多可能。

比如,区块链技术允许结算参与方在其中拥有不同的权限,并发挥不同的作用,某些环节的参与者只被允许作为发送和接收现有资产的资产转移节点,其他参与者被许可发行新资产、验证交易、将交易历史更新到分类账或仅限于阅读分类账。

接下来,我们分别拿私募股权管理和公募证券发行交易这两个具体示例,深入分析下它们各自是如何通过区块链技术被重新设计和优化的。

政府、金融机构、工商企业等在发行证券时,可以选择不同的投资者作为发行对象,由此可以将证券发行分为公募和私募两种形式。顾名思义,公募主要是向广大社会公众公开发行证券;私募则主要针对少数特定投资者,以非公开发售的方式发行证券。

先来看私募股权管理。没有上市公司的股权,目前往往是通过协议(工商部门等第三方登记)、资产证明(如股东名册、股权证等)或者纸质证券,来证明资产的所有权。区块链安全透明、不可篡改、易于跟踪等特点,可以在不改变私募证券流通规则的基础上,替代纸质文件作为证券资产的自治电子化载体,实现私募证券的登记和流通。

再来看公募证券发行。区块链除了在登记和流动环节发挥作用之外,还可以针对清结算环节存在多方对账的效率问题,发挥分布式账本的作用,提供一种证券清结算的解决方案。具体说来,在区块链分布式记账模式中,每个市场参与者都有一份完整的市场账本,共识机制保证证券登记在整个市场中同步更新,保证内容的真实性和一致性,在没有中央证券存管机构的情况下,实现交易结算。

我们来看一家公司——深圳证券通信有限公司(简称"深证通"),它是深圳证券交易所控股旗下的金融科技公司。早在2015年,深证通就开始研究区块链技术,寻找其与证券行业相结合的应用场景。

2018年2月,深证通正式落地了基于区块链为证券行业提供可信存证服务,现在该业务正处于推广阶段。这一项目的主要流程在于,投资者在客户端登录后，根据客户端身份信息生成密钥因子，经过签名服务交换后，生成完整的加密私钥。此时客户端与云之道服务器各提供一半秘钥因子，签名服务器将客户登录信息进行上链。在客户办理业务时，通过唯一的私钥对业务进行签名，得到签名信息，签名成功后再将签名相关信息上链。

投资者、证券公司、数字身份认证技术提供方、区块链平台技术提供方，如此运转形成了一个完备的系统，为证券投资者的交易提供可信安全的服务。

据IDC数据显示，在去年全球区块链市场的份额构成中，金融业占60.5%，而证券行业则成为继银行业之后部署区块链应用的第二大市场。

国内互联网巨头也借助区块链技术在证券行业中不断发力，以此推动数字资产证券化。

2017年8月，百度金融上线了国内第一个基于区块链技术研发的交易所资产证券化产品"百度长安新生ABS"，借助区块链上信息不可篡改的特性，增强资产证券化发行过程中的数据安全和信任；京东在2018年6月实现了对京东金融ABS云平台区块链底层技术的升级，不但应用到白条ABS这样复杂度更高的项目当中，更建立了能广泛支持各类资产的业务底层；2017年8月，香港证券交易所计划推出一个名为HKEX Private Market的共享服务平台，使用区块链技术为早期创业公司及其投资者提供股票登记、转让和信息披露服务。

不只是国内，国外证券市场也同样就"区块链+证券"进行了探索。

2016年5月，美国纳斯达克宣布推出Nasdaq Financial Framework，向全球超过100家市场运营者提供区块链服务，为使用纳斯达克金融基础设施服务的用户提供端到端的解决方案，允许交易所、经纪商、清算机构和托管机构在统一的平台上和纳斯达克协作。

图4-4　创立于1971年的NASDAQ，已成为世界最大的股票市场之一

2017年7月，隶属于伦敦证券交易所集团的意大利证券交易所和IBM共同宣布，它们正在构建一个区块链解决方案，以助力欧洲中小企业（SME）的证券发行过程实现数字化。新系统旨在简化股权信息的跟踪和管理，创建一个包含所有股东交易记录的分布式共享注册表，从而发掘新的交易和投资机会。

虽然现在的我们还不能断言，区块链技术能够为证券市场的发展带来多大的变革，以及这场变革何时会出现，但未来，区块链技术或许会改变整个证券行业的业务形态和逻辑，这也许是我们可以在几年内很快看到的变化。

延伸阅读：

被国家禁止的ICO到底是什么？

ICO是Intial Coin Offering的缩写，中文意思是首次币发行。

这个词来源于股票市场的首次公开发行（IPO）概念，是指区块链项目首次发行代币，以及募集比特币、以太坊等通用数字货币的行为。区块链初创企业或者项目，都会发行一定数量的加密代币（Crypto-Token），向爱好者和投资者公开预售加密代币，为企业或项目筹集资金。

ICO所发行的代币可以基于不同的区块链。常见的是基于以太坊（ETH）和比特股（BTS）区块链发行，由区块链提供记账服务和价值共识，实现全球发行和流通。

2017年9月4日下午3点，中国人民银行领衔网信办、工信部、工商总局、银监会、证监会和保监会等七部委发布《关于防范代币发行融资风险的公告》（以下简称《公告》），《公告》指出代币发行融资本质上是一种未经批准、非法公开融资的行为，要求自《公告》发布之日起，各类代币发行融资活动立即停止，同时，已完成代币发行融资的组织和个人应做出清退等安排。

第32讲 区块链技术能让P2P网贷平台"爆雷"事件无处遁形吗？

这一讲咱们聊聊征信和区块链的故事。在聊这个话题之前，我们先聊下可能会让很多人都讳莫如深，甚至咬牙切齿的P2P网贷。

自2015年e租宝、泛亚、中晋等平台纷纷爆雷后，近几年，大量P2P网贷平台跑路、失联、爆雷……除了极少数平台良性退出外，一大批黑平台被查，投资者的资金血本无归的案子与日俱增。进入2019年，已经上线运营10年、累计出借4519亿元的P2P网贷平台红岭创投宣布清盘；平安系旗下的陆金所退出P2P网贷业务……P2P网贷行业迎来了寒冬期。

图4-5　被指为"中国版庞氏骗局"的e租宝

那为什么仅仅过了七八年时间，P2P网贷就从当初的火热追捧、竞相购买变成了人人唾弃、犹如过街老鼠一般了呢？征信问题可能是被很多人忽视的重要一环。

金融行业中必不可少的环节就是风控，而征信就是金融风控的基础工具。以P2P行业为例，大部分的用户征信报告中是没有借贷记录的，于是，许多独立的第三方征信公司就出现了，他们利用大数据进行征信，建立大数据模型，帮助平台通过考察电商数据、社交数据、运营商数据等指标，对借贷人的信用进行判定。

虽然大数据征信能够用更短的时间了解用户的信用信息，但是为了招揽更多的用户，不少P2P平台要么放弃与第三方征信平台的合作，要么采用了一些不具备公信力的征信数据，征信审查这道"保护屏障"形同虚设，导致P2P平台坏账率的增长。当投资与项目收益无法匹配时，就会发生刚性兑付的困难，甚至造成了P2P平台的爆雷。

征信的本质其实是大数据。大量的企业都想从不同的角度获取海量的用户征信信息，但从目前的情况来看，已经获取到的征信数据依然存在许多问题。

首先，缺乏足够的数据。就目前的情形来看，政府仍然掌握着维度最全面、价值最高的有效信息，受隐私安全保护，这部分信息往往不会被共享。一些互联网大数据公司希望通过相关技术对用户个人行为进行更深度的挖掘，进而间接判断征信情况，但效果并不理想。其次，大量的有效数据无法在各个平台之间流通，于是出现了窃取征信数据的现象。目前我国个人隐私非法从业人员已经高达150万，形成了一条信息需求、盗取、交易的成熟产业链，消费者的征信隐私得不到保障，同时，越来越多的消费者不愿意公开提交个人的有价值征信数据。

区块链被誉为"信用机器"，其核心价值在于将相互之间不信任的节点连接在一起实现信任机制的传递，并具有不可篡改、可追溯、隐私保护等特性。区块链网络作为底层架构，可以通过接口与应用层对接，从而实现数据的交互。

如果将区块链技术应用在征信领域，可能会对征信领域产生以下几方面的影响。

第一，在充分保护用户隐私的前提下，实现机构间的征信数据共享。当不同的机构以节点身份将用户信用数据上传时，区块链网络会对其明文数据进行加密，在没有获得用户授权的情况下，机构是无法对他方的数据进行查看或其他操作的，保证用户数据隐私不被侵犯。

第二，保证征信数据的不可篡改性以及可追溯性。链上各金融机构作为节点共同参与记账，且各节点的账本有且唯一，可有效防止对征信数据的篡改，而且链上的数据可以追溯，提高了机构或个人的违约成本。

第三，提高征信机构的积极性，更好地丰富征信数据。当各金融机构将其所拥有的征信数据上传至区块链网络后，可在没有中心化后台的情况下，利用智能合约实现自动化、公平化的激励机制，对数据所有方进行激励，从而鼓励各机构积极共享和更新数据。

通过引入区块链技术，有效解决了机构共享数据意愿差、更新慢和人工采集信息耗时长、成本高等问题，降低了接入门槛，使得数据来源的维度得以丰富，且各行业平台还可以根据本行业的特定需求，定制化地开发大数据分析功能，灵活地满足机构对风控的要求。

如何在保证合法合规的情况下，在机构间通过区块链底层网络的形式共享征信数据是各企业需要与监管部门去共同探索的。从目前来看，数字证书（CA）是其中一种可行性比较大的解决方案。

据公开资料显示，国家商用密码管理办公室已经许可了40余家CA机构提供具备法律效力的电子认证服务。这些CA机构用自己的证书为个人或公司颁发一份认证其身份的数字证书，证书内包含该个人或公司的真实身份信息以及证书持有者与颁发机构两者的电子签名。

未来，如果在区块链上进行要求实名的交易时，双方互相提供CA机构颁发的数字证书即可，并且保证了身份信息只向对方披露。不参与交易的第三方不会获得这些数字证书，也就无法得知双方的身份信息。不想进行实名认证的用户也可以继续使用匿名的账户，但是无法参与到对方要求实名的交易中去。

我们再来看一个案例。

银税互动是2015年国家税务总局与中国银监会为解决中小微企业"融资难，融资贵"问题开展的活动，但是传统的银税互动项目存在架构复杂、成本高、实时性弱、隐私性差、扩展性差等一系列问题。

而基于区块链的银税互动项目在获取企业同意的前提下，将企业涉税数据在加密后从税务的业务系统中实时上链共享，交易对手银行方若需要获取该企业的涉税数据，则视为一次数据交易。数据交易完成，银行对数据进行解密后，开始对数据进行使用。基于数据的使用及风险控制考虑，银行判断是否可以给予相关企业信用贷款，并将相关贷款额度及交易对手银行反馈信息在银税互动的业务生态圈内分享。

对于银行来说，因为企业涉税数据的来源可信，使得其业务处理效率得以大幅提升，从而能大幅降低原有征信成本；对于企业来说，能够在确保数据隐私性的前提下，将纳税信用转化为可融资的资金信用。

信用是整个金融行业的基石，征信市场的完备程度直接关系到企业，尤其是贡献了大部分就业体量的中小企业的融资状况，也关系到金融机构的成本与风险，乃至社会效益总和的提升。我们有理由相信，区块链在征信领域一定会大有所为。

延伸阅读：

P2P网贷平台爆雷不完全记录（2018年7月）

2018年端午节前后，国内P2P爆雷潮开始，像多米诺骨牌一样，从6月22日爆出的13家到8月底的264家，千亿级爆雷事件频发。图4-6是2018年7月3日至8

日，P2P平台爆雷情况的不完全统计。

序号	平台	城市	爆雷时间	爆雷原因	金额（亿）
1	聚胜财富	上海	2018年7月8日	跑路	66.9
2	多多理财	杭州	2018年7月8日	提现困难	63.78
3	领奇理财	杭州	2018年7月8日	提现困难	2.33
4	钱盆网	南宁	2018年7月8日	提现困难	135.16
5	大谷仓	宁波	2018年7月9日	提现困难	不透明
6	联安贷	深圳	2018年7月8日	跑路	14.93
7	车博所	杭州	2018年7月8日	跑路	0.87
8	赶钱网	上海	2018年7月8日	失联	27.6
9	虹金所	上海	2018年7月8日	提现困难	6.14
10	孔明金融	杭州	2018年7月8日	经侦介入	不透明
11	优储理财	上海	2018年7月8日	跑路	不透明
12	元泰资本	南昌	2018年7月8日	提现困难	1.74
13	吃鸡理财	深圳	2018年7月8日	提现困难	2.8
14	即利宝	苏州	2018年7月7日	良性退出	16.99
15	点宝网	成都	2018年7月7日	提现困难	45.63
16	存金钱包	深圳	2018年7月7日	提现困难	不透明
17	人人爱家金融	杭州	2018年7月6日	经侦介入	232
18	蜂硕金融	天津	2018年7月6日	提现困难	3.5
19	Formax金融圈	深圳	2018年7月6日	提现困难	不透明
20	豫商贷	郑州	2018年7月6日	提现困难	21.45
21	信融财富	深圳	2018年7月6日	提现困难	10.82
22	华夏万家	北京	2018年7月6日	提现困难	不透明
23	玺釜金融	上海	2018年7月6日	跑路	不透明
24	51财融通	宁波	2018年7月6日	提现困难	0.31
25	祺天优贷	杭州	2018年7月6日	经侦介入	68.5
26	小当家理财	沈阳	2018年7月6日	跑路	不透明
27	金桥梁	成都	2018年7月5日	提现困难	39.58
28	浙鼎金融	上海	2018年7月5日	提现困难	2.67
29	E周行	天津	2018年7月4日	跑路	43
30	蜂投网	长沙	2018年7月4日	提现困难	33.5
31	米袋子	杭州	2018年7月4日	经侦介入	4.67
32	金柚金服	杭州	2018年7月4日	提现困难	不透明
33	饭团金服	北京	2018年7月4日	提现困难	不透明
34	映贝金服	杭州	2018年7月4日	经侦介入	15
35	牛板金	杭州	2018年7月3日	经侦介入	390.88
36	得宝理财	杭州	2018年7月3日	提现困难	不透明
37	小金库	杭州	2018年7月3日	经侦介入	1.26
38	E人一铺	北京	2018年7月3日	提现困难	不透明

图4-6　P2P爆雷平台统计（2018年7月3日至8日）

第33讲　注册资本只有30元的小公司也能快速贷到款？

本讲谈谈供应链金融和区块链的故事。

提起供应链金融，估计大部分人可能对它没什么概念。简单地说，所谓供应链金融，就是银行将核心企业和上下游企业联系在一起，提供灵活运用的金融产品和服务的一种融资模式。

俗话说，巧妇难为无米之炊，缺乏资金支持会严重影响企业的发展和日常运作。供应链金融就是解决企业，特别是中小企业融资难、融资贵、无投资的重要工具，而中小企业是构成市场经济主体中数量最大、最具活力的企业群体。所以说，供应链金融能够成为振兴实体经济、推动产业升级的重要抓手。

世界银行关于中小微企业融资缺口的报告显示，中国有41%的中小微企业存在信贷困难，或是完全无法从正规金融体系获得外部融资，或是从正规金融体系获得的外部融资不能完全满足融资需求，有1.9万亿美元的融资缺口，接近12万亿元人民币。

面对这么大的融资需求，区块链能为供应链金融带来哪些方面的改进或提升呢？我们先来看一个案例。

在成都，百脑汇电脑城的蔡世蓉先生经营着一家"冠勇专卖店"，注册资本很少，只有30元，常常因为上游账期问题被资金缺口难住。而申请贷款需要抵押，蔡先生又没有什么资产，能拿出来的只有上游客户的欠条。一般来说，像"冠勇专卖店"这样的小店，信用等级不高，经营风险相对较大，很难获得金融机构的担保和授权。

2018年7月30日，蚂蚁金服推出了基于区块链技术的供应链协作网络——蚂蚁区块链"双链通"，这一服务运用区块链技术，可以让小微商家也能享受高效便捷的金融服务。"双链通"完成了供应链金融的全链路覆盖——上链后，整个融资流转过程清晰留痕、不可篡改，所有参与方通过"双链通"基础设施进行身份核实和意愿确认，数字签名实时上链，不能抵赖，一链杜绝了资金挪用等风险。

而成都百脑汇"冠勇专卖店"就成了"双链通"的首批受益者。中科大旗是"冠勇专卖店"的上游供应商企业，通过"双链通"，中科大旗的技术资质和应付账款可以成为产业链上信用逐级流转的背书，惠及像"冠勇专卖店"这样的下游供应商。"冠勇专卖店"通过"双链通"，顺利完成了第一单融资。

其实，在传统的供应链金融领域，一直存在着不少"雷区"，例如，在信用资质判断方面，担保方的信用资质较弱，核心企业的信用资质恶化；在操作监督上，识别虚假贸易存在盲区，合同、发票等涉及贸易背景真实性的问题，给审核方带来很大风险。因此，各家金融机构一般会增加对融资方的授信、核心企业的确权及其他附加手段降低风险。

而区块链技术可以在很多方面改善供应链金融的流程和效率。

首先，通过把基础资产对应的交易数据上链，从源头上确保资产的真实性。

其次，金融机构也可以基于区块链应收凭证，对中小微企业进行信贷投放，最终建立起一个可靠和稳定的供应链金融生态系统。最后，通过应用区块链技术，可以对底层资产进行公开、透明、无法篡改的监管，让各参与方直接面对资产，最大程度地消除投资方对资产的不信任、对评级机构的不信任，同时也减少发行方、会计、评级机构等服务方调查的难度。

总之，区块链的信任传递，能很好地解决供应链金融下中小企业缺乏信用的问题，让优质核心企业闲置的银行信用额度传递给中小企业，实现整个链条上的信任流通。

例如，某大型A公司有B1、B2、B3等多家上游供应商和C1、C2、C3等下游产品经销商。当经销商C1在经销A公司产品时，如果出现压货等情况，便容易出现资金周转困难，而在自身没有足够信用的时候，也很难从银行获得贷款。此时，如果A公司能够以自己在银行的授信为C1经销商做授信，那么既能缓解C1的资金压力，又能增加自身商品的销售量。前述提到的"双链通"解决的就是信用传递的问题。

目前，除了蚂蚁金服以外，我国还有很多企业已经着手将区块链应用于供应链金融领域，已有一批企业针对各类应用场景提出了相应的应用方案。

传统涉农信贷业务一直受到信息不对称、管理成本高、授信和用信场景线上化难度大等问题的困扰。中国农业银行基于已经推出的电商金融服务平台所积累的数据，通过应用区块链技术，将历史交易数据映射到"e链贷"区块链平台中，由平台自动积累企业和农户之间的每一笔交易记录，并基于这些数据提供融资服务，具体包括订单采购、批量授信、灵活定价、自动审批、受托支付和自主还款等，为尝试解决"三农"客户长期面临的因担保物不足、信用数据欠缺造成的融资难问题提供了解决办法。

电池企业浙江超威动力能源有限公司（以下简称超威）使用了浙商银行的"池化融资平台+应收款链平台"方案，在具体操作中，超威向上游供应商签发并承兑应收款，用以采购原材料，同时以超威为核心设立涌金票据池，入池的商票、电子票据可生成额度向浙商银行申请应收款保兑；上游供应商在收到经浙商银行保兑的应收款后，可将应收款质押入池或转让给浙商银行，提前获得融资，这样一来，上下游优质企业的商业信用价值被充分挖掘，盘活应收账款，减少资金占压，降低融资成本，从而缓解融资难、融资贵问题，营造良好的供应链生态圈。

通过类似蚂蚁金服"双链通"、中国农业银行"e链贷"和浙商银行"应收款链平台"等解决方案，供应链金融这一融资模式将被大大激活，信贷可得性、融资覆盖面会大幅度提升。目前，全国有275家注册担保机构，预计能够覆盖1000万家以上小微商家，而有研究报告预测，至2023年，区块链可让供应链金融市场渗透率增加28.3%，将带来约3.6万亿元市场规模的增量。

2018年8月，原央行数字货币研究所副所长狄刚发表署名文章表示："区块链技术将会渐近式发展，刚开始在小而美的闭环场景落地会更实际、成功可能性更大，也容易树立信心。"狄刚特别提到了对于防范风险、服务小微企业非常有价值的几个典型应用场景，供应链金融就是其中之一。

中国信通院发布的《区块链与供应链金融白皮书》指出，供应链金融存在的行业痛点恰好适合引入区块链技术来解决，在42个金融类真实落地的区块链案例中，基于区块链的供应链金融案例多达16个。

2019年，全国多地已经出台扶持鼓励性质的政策，推动区块链+供应链金融发展：1月16日，深圳市人民政府金融发展服务办公室印发《关于促进深圳市供应链金融发展的意见》，意见指出，要充分运用互联网及区块链等技术，连接供应链金融领域各类主体和供应链核心企业平台；8月9日，雄安新区落地第一单区块链技术支持的中小微企业普惠金融的融资租赁业务，该项目是中交雄安租赁有限公司首单"融资租赁+雄安区块链+供应链"业务应用；8月21日，珠海横琴新区金融服务局发布了《珠海—澳门"区块链+特色金融"白皮书》。白皮书中提到，区块链技术与供应链金融的结合是赋能金融的再生价值，区块链+供应链金融将是未来珠海—澳门发展区块链应用的重点方向之一。

从小而美的闭环场景做起，区块链和供应链金融相互融合的未来一定会更加丰富、更加美好！期待看到更多创新和改变发生。

延伸阅读：

蚂蚁金服双链通——基于区块链的供应链协作网络

蚂蚁金服双链通平台以核心企业的应付账款为依托，以产业链上各参与方间的真实贸易为背景，使得核心企业的信用得以在平台内流动，使更多产业链上下游的小微企业获得平等高效的普惠金融服务。开放平台欢迎更多的核心企业、金融机构、合作伙伴加入，共建区块链+供应链的信任新生态。蚂蚁金服双链通的业务架构如图4-7所示。

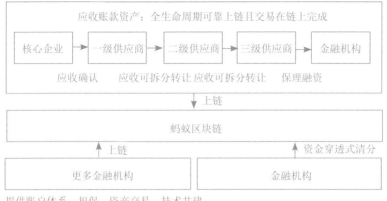

图4-7　蚂蚁金服双链通的业务架构图

双链通平台旨在解决的主要行业痛点包括：

——小微企业融资难、融资贵问题突出。传统的供应链金融实践通常只能服务到核心企业的直接上下游，供应链条上末端的小微企业较难触达，小微企业存在融资难、融资贵问题。

——金融机构操作风险与成本较高。金融机构在贸易背景核实、可靠质权、回款控制等方面的操作风险与成本均较高，而贸易链条中的企业或平台又难以自证，金融机构开展供应链金融业务的成本、风险和收益较难平衡。

——核心企业参与意愿不足。金融机构开展供应链金融业务通常仅从金融风险与收益去切入，与企业自身供应链管理优化结合太少，甚至某些方面还形成打扰，造成核心企业参与意愿度低，业务较难开展。

（以上内容节选自蚂蚁金服官网对外宣传资料）

第34讲　去中心化金融（DeFi）会带来一场传统金融的革命吗？

本讲主要谈谈"DeFi"。单从字面上看，我们可以把DeFi这个词拆解为De和Fi，它们其实分别代表了Decentralized（去中心化）和Finance（金融），DeFi就是去中心化金融的英文表述。

DeFi概念最早是2018年8月，Dharma Labs的联合创始人布伦丹·福斯特（Brendan Forster）怀着去中心化金融会成为未来主流的信念，在"Announcing DeFi, A Community for Decentralized Finance Platforms"一文中首先提出的。

布伦丹·福斯特认为，DeFi项目需要满足以下四个特点：第一，构建在去中心化公有链上；第二，金融应用；第三，代码开源；第四，具备完整的开发者平台。

什么是DeFi？我发现维基百科都还没有收录。一些机构是这样解释的："DeFi，Decentralized Finance的简称，也就是去中心化金融。借助区块链技术，可以用来解决传统或中心化金融存在的天然短板，如金融体制不平等、审查流程烦琐、缺乏透明性及潜在的交易风险等。"

据ConsenSys报告，有数百个前沿的区块链项目在去中心化金融领域进行着开创性的工作，如基于以太坊的稳定币、去中心化交易所（DEX）、投资、衍生品、支付、贷款和保险平台等。

2019年9月，DeFi的头部项目MakerDAO[①]联合创始人Rune Christensen在做客《王峰十问》第33期访谈时提到了他对DeFi的认识："DeFi是运营在公有链上的热门金融应用，它的优势在于通过更低以及更公平的费率提高安全性、透明性及效率，但更重要的是它具有令人难以置信的潜力，可以通过无缝互操作性充当'Money Legos'，与独立的区块链相比，它可以从网络效应中获得更大的协同效应。"

"Money Legos"（见图4-8）是什么呢？

我们都玩过乐高玩具，把一大堆随机的各式各样的小碎块，以新的和创造性的方式结合在一起。乐高的乐趣在于近乎无限的组合可能，据统计，六块有八个搭扣的标准乐高积木，最多可以实现上亿种组合。同样，在DeFi中，产品之间也可以交互，像搭乐高积木一样，拼接出多样、多级的形态。

有公开数据显示，DeFi类应用的成交量已超过一度被看好的区块链游戏和博彩类DApp：在7日成交量TOP10中，DeFi类应用的成交量总和（5930万美元）已经超过博彩DApp（5470万美元）；在游戏DApp榜单排在7日成交量第一的My Crypto Heroes（8.7万美元）只有MakerDAO（600万美元）的约1/70。

---

① MakerDAO 是目前最热门的 DeFi 项目之一，其锁仓值最高曾占到 DeFi 项目锁仓总市值的 85%，算得上现象级的区块链应用了。

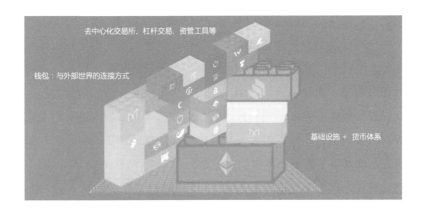

图4-8　DeFi：货币乐高（Money Legos）

在我看来，DeFi几乎成了区块链目前最大的应用之一，它的火爆在一定程度上应验了一个事实——区块链目前真正的核心应用是金融创新。

目前，DeFi项目已有数千个，我们正在看到一个全新行业的早期阶段。从稳定币到去中心化交易所、钱包、支付网络、借贷和保险平台，再到关键的基础设施、市场和投资引擎，整个DeFi生态系统雏形已经形成，并且正在蓬勃发展。而业界普遍认为，稳定币、借贷市场和DEX是当前DeFi行业最热门的三个市场。

既然是去中心化金融，DeFi和中心化的传统金融有哪些区别呢？我来举几个具体的例子。

区别之一，谁来做决定。

传统金融体系的生死存亡取决于大型金融机构及其监管机构的实力、稳定性、权威性和可信度。如果一家大银行破产或政府违约，整个体系就会崩溃。

如果你了解雷曼兄弟（Lehman Brothers）的客户，或者与阿根廷、乌拉圭、希腊和委内瑞拉的人民聊一聊，你会有更深刻的理解。相比而言，DeFi的生死存亡则取决于其协议、密码学和智能合约的强度。

区别之二，如何申请贷款。

在传统金融的旧世界里，你向银行申请贷款，需要首次提供你的信用记录、财产和流动资产的信息，他们甚至会综合考虑你在哪里上学，住在哪里，以什么为生。然后他们将其归结为一个简单的问题：你能被信任吗？

而在DeFi的新世界中，这个过程是完全自动化和去中心化的。

区别之三，如何产生信用评级。

在主宰全球经济数百年的盛衰周期中，传统金融机构的信用评级体系从一个极端走向另一个极端。在繁荣周期的极端阶段，放贷机构疯狂投机，忽视风险，甚至操纵评级程序；在经济萧条周期，他们甚至把最有价值的借款人拒之门外，严格贷款给那些根本不需要用钱的人。DeFi则取消了对借款人进行的大量耗时的背景调查，以及贷款机构进行的大部分成本高昂的尽职调查。事实上，如果你是一个放贷人，你甚至不需要知道借款人是谁。

当然，这三个区别不足以完全说明DeFi和中心化金融的所有不同之处。

很多人会问，既然DeFi这么火爆，能解决这么多传统金融的问题，未来DeFi会对传统金融产生很大挑战，甚至带来一场革命吗？

我想先带大家回顾一下BitTorrent的历史，看看能从中得到哪些启发。

BitTorrent作为最大的P2P文件分享协议，曾经在2006年最高峰时期占据了整个互联网流量的70%，如鼎鼎大名的《魔兽世界》的在线更新就是采用BT的技术进行下载分流。毫不夸张地说，BitTorrent是汇聚了最多用户流量的去中心化应用。

尽管BitTorrent是一种颠覆创新技术，但它本身却不是一个好的商业模式。2018年被波场以仅仅1.4亿美元收购，被收购后的第30天，创始人Bram Cohen宣布离职。

BitTorrent虽然没有获得预期的商业成就，但在BitTorrent的P2P技术消灭了"下载"之后，我们发现很多旧媒体以一种全新的、更好的形式重生了，这方面最典型的例子就是音乐流媒体提供商Spotify和视频内容服务提供商Netflix，它们的成功得益于所谓的"范式转换"，即一种将"文件"抽象化的颠覆性创新。

同理，只有当DeFi足以推动传统金融中某个部分的功能进行范式转换，新商业体的构建才能开始浮出水面，DeFi的商业模式才能得到市场更进一步的验证。但从现阶段看，我们还没有看到类似的情况出现。

所以，我认为短期内DeFi不会取代传统金融，长期看两者都会互相渗透，使得边界变得不那么清晰。

微信之父张小龙在阐释他的产品观时，有一个观点我很认可："不要一开始就做一个大的变革，要把最紧急、最核心的需求做到极致。"

总而言之，DeFi的设计者们接下来最应该重视的是需要脱掉乌托邦的幻想，从社区化松散的组织，尽快进化到更高效率的商业化运营。只有真实应用场景的建设做好了，把金融"最紧急、最核心的需求做到极致"，DeFi的前景才会更加辉煌。

延伸阅读：

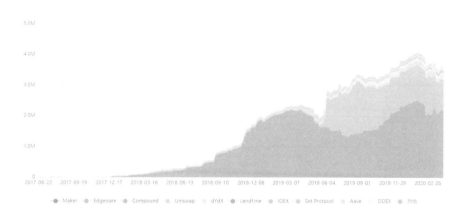

图4-9　ETH锁仓趋势

资料来源：DAppTotal网站。

DeFi，Decentralized Finance的简称，即去中心化金融，其借助区块链技术，来解决传统及中心化金融存在的天然短板，如金融体制不平等、审查流程烦琐、缺乏透明性和潜在的交易风险等。截至2019年8月30日，DeFi行业的总锁仓价值为10.2亿美元，较1月1日的3.02亿美元，半年时间增长了近230%。当前DeFi的三个热门应用领域是稳定币、借贷市场和去中心化交易所。

DeFi几乎成了当下区块链最大的应用之一，它的火爆在一定程度上应验了一个事实——区块链目前真正的核心应用是金融创新。但是，DeFi 也可能会像不断前行的加密数字世界那样，遇到来自市场创新、技术突破、政策监管等方面的种种挑战，经历"冰火两重天"般的起伏。

|第 5 章| 区块链会如何改变各行各业

第 35 讲　分布式存储市场会出现阿里巴巴这样的庞然大物吗?

对于我们绝大多数人来说，存储并不是个新词。如果要追溯存储设备的历史，可能要从第一台计算机的诞生算起，而面向公众的存储服务，最早可追溯至2006 年美国亚马逊公司发布的S3企业级对象存储服务。后来，由于操作简便，原本服务于亚马逊的云端服务器，开始被众多对数据有存储需求的企业所用，整个云存储行业逐渐发展起来。

如今的云存储市场，可谓兵家必争之地，汇聚了亚马逊、微软、Google、阿里云、腾讯等科技和互联网巨头。据国际数据公司（IDC）统计，2017年全球云存储行业市场规模为307亿美元，预计2022年将增长到889.1亿美元，年复合增长率高达23.7%。

从目前来看，虽然服务商利用雄厚的资金与技术实力，在全球搭建多个数据中心，为企业提供云存储服务，但云存储暴露出的问题也越来越明显。

首当其冲的就是技术瓶颈和安全问题。

现有云存储服务商为了确保数据的可靠性，一般会将数据存三个副本，这就意味着数据的冗余率达到了300%。除了数据冗余，云存储服务商还需要对数据进行故障隔离，以保证即便一部分数据出现故障，也不会影响其他部分的数据，但无限制地降低硬盘的故障率，已经不太现实。

有业内人士指出，"对存储行业从业者来说，应该要有这样一个价值观，那就是数据本身是有生命的，必须对用户的数据负责，确保数据安全与可靠。"

举一个简单的例子，如果把数据比作存款，某天用户急需用钱的时候，银行告知用户机器损坏，无法取用，这是可用性出现了问题；如果是用户的存款金额被人知晓，那是安全性出现了问题；但如果是钱都没了，那就是可靠性出现了问题。

云存储出现之前，企业是把数据都存储在硬盘中；云存储发展起来后，企业开始把数据存储到云端的服务器。但存储到云端并不代表着就是绝对安全的，服务器系统发生故障的事故比比皆是。

例如，2019年3月，阿里云出现大规模故障，导致部分互联网公司和App运行不畅，甚至瘫痪，阿里云官微下几乎被"宕机"问题的留言攻陷，更有网友戏称"程序员、运营、运维都要从被窝里爬起来干活！"2018年9月，微软的某业务数据中心停止服务长达20多个小时，后来查明原因，是雷电击坏了数据中心制冷设备造成宕机；2018年8月，腾讯云彻底丢失用户数据，事故原因是硬件故障加运维人员操作失误；2017年，亚马逊公司旗下云计算服务平台AWS的对象存储服务故障，原因是运维人员操作失误；2017年，支付宝因为光纤被挖断造成停服事件。

除了安全问题，还需要考虑存储的成本问题。

云端存储最主要的成本是带宽成本，这也是很多网盘都在上传文件大小上做文章的原因。再比如，建设数据中心要面对巨大的资金压力。云存储中心的制冷需要配备专门的制冷系统，而这个制冷系统运行中的耗能大约是服务器耗能的0.5倍至1倍，如此导致了大量能耗成本支出。

如果借助区块链技术，会带给存储行业，特别是云存储行业哪些新的变化呢？

有业内人士认为，区块链存储将全球的存储节点池化，构建成一个规模巨大的全球统一、全球共享的存储池。存储是数字形式存在的实体经济，其上链的过程可以完全通过代码来控制。而且，分布式存储能够通过将数据分散在多处，来增强数据的可靠性、可用性、异地容灾性等特性。此外，存储还有去重的特性，也就是用户越多，成本越低，适合用区块链来激励。

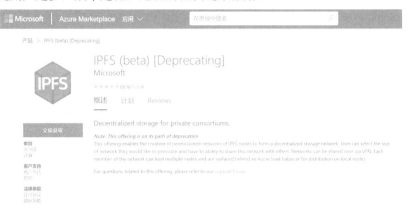

图5-1　微软将分布式文件系统IPFS用于旗下的Azure云计算平台

你也许会问，如果拿区块链存储与企业级存储、云存储做个对比，区块链存储有什么优势吗？优势可能主要体现在以下四个方面。

一是更高的可靠性和可用性。区块链存储将数据存储到全球上千万个节点上，而不是用多副本模式，这样做的好处是：一方面，避免了单点故障带来的负面影响，仅在硬盘故障这一项上，区块链存储的可靠性就比云存储高10^{64}倍，综合可靠性也至少高1万倍以上；另一方面，由于负载已经分散到各地节点，区块链存储的服务可用性比云存储至少高1亿倍。

二是更低的建设和维护成本。区块链存储成本低的根本原因在于区块链技术对去除数据重复率有良好的解决能力，通过数据去重能将成本大幅降低。同时，区块链存储能降低数据冗余率，从而降低成本。

三是更容易形成规模效应。利用区块链的激励作用，可以无须巨额投资和巨额营销费用即可迅速在全世界招募众多存储节点加入区块链存储系统，并吸引大量用户使用，很快形成规模。快速的规模化有助于提高存储的品质、增大存储空间、降低成本。

四是更强的安全性。相对于传统的中心化存储来说，一般两地三中心就属于最高级别的容灾，即使是云存储，依然要解决存储中心节点的建设问题，要知道，即便是全球第一大云服务商亚马逊，全球范围也不过几十个节点。但区块链存储的"千地万中心"特征，能显著提升容灾的安全级别，把中心化存储里是奢侈品的"容灾"变成标配。

概括起来，更高的可靠性和可用性、更低的建设和维护成本、更容易形成规模效应、更强的安全性，是区块链存储的突出优势。

现如今提到分布式存储，有一个项目不得不提——IPFS，即InterPlanetary File System，星际文件系统。它是一个面向全球的、点对点的分布式版本文件系统，目标是为了补充（甚至是取代）目前统治互联网的超文本传输协议（HTTP），将所有具有相同文件系统的计算设备连接在一起。

IPFS的基本原理是用基于内容的地址替代基于域名的地址，也就是说，用户寻找的不是某个地址，而是储存在某个地方的内容，不需要验证发送者的身份，而只需要验证内容的哈希，通过IPFS的网络，网页的速度更快、更安全、更健壮、更持久。

IPFS项目自发布以来，吸引了世界各地区块链和互联网从业者的密切关注。以IPFS激励层的加密数字货币（代币）Filecoin为例，它有点类似于以太坊平台上的以太币，是迄今为止涉及金额最大的首次代币发行，仅一小时就募集了近2亿美元。此外，谷歌、Netflix、京东等国内外互联网公司也纷纷加入IPFS的合作生态。

当然，事物都是一分为二的，虽然我们在上面提到了区块链技术具有很多优势，但区块链存储目前的最大缺陷是性能瓶颈。客观地看，区块链存储的性能目前还逊色于中心化存储的表现。

如今，5G技术正在蓬勃兴起，这将给区块链存储带来新的机遇。5G技术所具备的高速率、低延迟等特点，将会大大提升区块链性能，改善区块链由于存储导致的性能瓶颈问题。

区块链里的存储是去中心化应用的底层技术及基础服务，其上也会生长出应用生态，这个市场一定会跑出世界级的公司，而且会有一两家在中国成长起来。

希望能早日看到这样的中国公司在区块链存储这个大赛道上脱颖而出，我们非常期待。

延伸阅读：

区块链存储不断挑战中心化存储的霸权

在云计算时代，区块链存储（见图5-2）不断挑战中心化存储的霸权，因为其不但解决了存储的数据可靠性、存储成本、容灾性、抗DDos、闲置资源利用等问题，而且其基于Token的激励体系设计，无须巨额投资和巨额营销费用，就能迅速在全世界招募众多存储节点加入区块链存储系统，并吸引大量用户使用，很快形成规模。

存储自身有去中心化需求
更可靠、容灾、抗DDos、网络加速

用户越多，去重的放大效应越高

区块链激励矿工加入
激励用户使用

存储可以直接tokenize

在数百亿美元的持久化存储和网络
加速领域有压倒性优势

区块链存储将超越中心化存储的规模
像Airbnb超越中心化酒店现模一样

图5-2　区块链存储

第36讲　一只看不见摸不着的电子猫，凭什么卖13亿元?

2019年，中国游戏产业总收入超过了2300亿元，所有玩家加起来超过5.5亿人。面对如此庞大的市场，各大游戏公司都在思考如何从这个大市场分一杯羹。那么，区块链和游戏这两者能碰撞出什么火花呢?

前面我们介绍以太坊创始人V神时，提到以太坊的创立可能还和游戏有些关系：当V神还是一名网瘾少年时，他最爱玩的游戏是《魔兽世界》，因为作为游戏官方的暴雪公司未经玩家同意就修改了角色的技能，引发了V神的不满和思考。V神很反感暴雪的一刀切做法，但是因为暴雪是中心化的组织，拥有绝对的话语权，V神也无能为力。这件事情激励V神设计并实现了以太坊。

第一，在以太坊网络上，任何人都是平等的，假如暴雪想在以太坊的系统上对游戏做重要修改，那就必须经过超过51%的节点同意，才能修改成功。这样，就能从根本上保障玩家的权利，从而提高玩家的参与感。

第二，区块链技术有希望解决游戏行业存在了几十年的盗版顽疾。在游戏产业的光盘存储时代，只要有人复制了光盘中的内容，就可以免费玩游戏。为此，厂商设计了加密的光盘，但是光盘加密马上就被破解了。游戏开发商又提出了自家的游戏平台，只有注册平台账号才能开始游戏。游戏商还花了大力气打击破解网站，或是和当地发行商组团，利用法律保护自家的游戏不被盗版，投入了很大的人力、物力。而利用区块链可以通过网络确权，就算玩家在自己的节点上破解了，也无法破解大多数节点的信息，这样就从根本上解决了盗版问题。

第三，游戏产业走过了预付费和免费两个时代，前者是玩家在玩游戏之前就要付全款，后者是玩家可以先免费玩，后期再自愿购买道具。因为《魔兽世界》的火爆，有些玩家专职做练级，专门帮别人刷等级，或是刷道具。也有的玩家收集到了高等级的宝物，然后通过拍卖或是购物网站，把自己的账号卖给别人。稀有道具往往可以卖出非常高的价格，因此围绕道具和账号，网上盗窃也是层出不穷。假如通过区块链技术，将道具、宝物和人物等级保存到区块链上，并且通过区块链网络进行交易，就可以很好地保护玩家的利益。

以太坊推出之后，人们除了在上面发布项目，更是基于区块链的优势，开发了一批去中心化应用——DApp，其中D是Decentralized（去中心化）的简写。在DApp中，游戏应用是最活跃的类别之一。有一款名叫《谜恋猫（CryptoKitties）》的区块链游戏，火爆一时，一只猫高达百万美元，还求之不得。

得益于区块链游戏加密猫的火爆，业内的互联网巨头也掀起了一阵加密宠物热。基于区块链的加密宠物游戏，成了那段时期大厂们争相抢占的蓝海市场。

为了快速圈拢用户，百度、360、小米等大厂们于 2018 年 3 月前后推出了"莱茨狗""区块猫""加密兔"等一系列区块链宠物游戏，市场反响热烈。

那段时期的区块链游戏被称为1.0时代，又因为这些加密宠物都是部署在以太坊这样的公有链上，也被很多人称为区块链游戏的公有链时代到来了。

2019年，加密宠物热潮过去之后，又一款现象级游戏Fomo3D诞生了，Fomo3D也是部署在公有链上的区块链游戏。玩家前赴后继地"进贡"，企图以小博大，争夺最终巨额大奖，因此也有人称之为"一场无法结束的资金盘"。Fomo3D曾短短20天虹吸逾3亿元人民币，最终获奖者拿到2200万元人民币。

Fomo3D存在的争议比较大，一方面，开发者明确表示该项目存在一系列的风险，如安全漏洞、有可能跑路、无法追溯等；另一方面，因为投机性的游戏属性，市场上普遍认为Fomo3D是一个负能量的应用，给它贴上了"人性试验场""现象级游戏""庞氏骗局"等标签。

在很多资深游戏玩家看来，不管是加密猫还是Fomo3D，区块链游戏其实就是一种金钱游戏，从可玩性来说，并不如传统游戏好玩，人们还是更喜欢《王者荣耀》这样的全民手游。我虽然玩《王者荣耀》不多，但是经我观察，从小学生到职场男女，不少人都被这款游戏迷住了。有八卦说，《王者荣耀》团队某年的春节年终奖达到了100个月的月薪之和，这从侧面反映了这款手游的火爆。此外，以《精灵宝可梦》为代表的增强现实（AR）和虚拟现实（VR）游戏等新技术游戏也很受玩家青睐。

如果有一款区块链游戏能达到《王者荣耀》的可玩性，又有《精灵宝可梦》的新技术，再融入区块链技术，应该能得到市场的高度认可。

作为目前国内乃至全球游戏业的霸主，腾讯自然也没有放掉区块链这个风口，《一起来捉妖》正是区块链火爆期的产物。在最初的宣发中，区块链也是《一起来捉妖》的最大卖点。腾讯游戏官方表示，《一起来捉妖》是腾讯在游戏虚拟内容价值现实化方面的第一个尝试。游戏里诞生的专属猫将在区块链上被保存，永不消逝。

在区块链游戏金融属性过强、品类单一、可玩性不高的大背景下，腾讯宣称推出一款融合了AR（增强现实）、LBS（基于位置服务）、PVE（玩家对战环境）以及区块链养成等多种玩法的区块链游戏，更是赚足了业界人士的期待。

不过，在《一起来捉妖》的官网中，几乎没有再提及区块链，更多的是将其宣传为一款 AR 手游。在游戏中，区块链的部分也不如想象中的重。只有玩家升到了22级之后，才能玩到区块链猫的环节，养成、繁育区块链猫也并非游戏的主线任务。

在游戏中，玩家将区块链猫上链后，能获得有关其区块高度及最新一次交易哈希的区块信息。上链之后，我们知道区块链猫会永远留存，但在哪里能查到区块链猫的具体交易信息，似乎并没有更多的途径。

虽然腾讯的这次试水还有许多不足，但是吹响了大厂开发区块链游戏的号角。一些大公司相继推出了区块链游戏，如育碧的*Hashcraft*、网易的《逆水寒》等。因为这些游戏都是建立在联盟链之上的，相比《以太猫》等公有链游戏，无论是游戏的趣味性，还是技术性都提高了不少，因此被称为区块链游戏2.0时代。

可以说，区块链游戏正在快速向新的阶段发展。在这一阶段，强调的不仅是游戏的可玩性，也强调玩家的参与度。游戏开发商与玩家会从以往的商家与顾客的关系，变得更加像合作者。但是，因为当前区块链的交易处理速度还存在瓶颈，并且不同的公有链和联盟链的标准并不统一，区块链游戏3.0时代还面临着不小的挑战。我们期待区块链和游戏碰撞出更大的火花。

延伸阅读:

世界首款区块链游戏CryptoKitties

《谜恋猫（CryptoKitties）》是世界首款区块链游戏（见图5-3）。区块链是支持类似比特币这样的加密货币的运作技术基础。尽管谜恋猫不是数字货币，但它也能提供同样的安全保障：每一只谜恋猫都是独一无二的，而且100%归游戏者所有。它无法被复制、拿走或销毁。

图5-3 各种类型的谜恋猫

资料来源：CryptoKitties官网。

第37讲　出租家用电动充电桩，会是一门好生意吗？

这一讲我们聊一聊区块链和能源行业。

提到能源行业，你首先想到的是什么呢？煤炭、石油、电力等，没错，能源行业就是一个采掘、采集和开发自然界能源，或者把自然资源加工转换为燃料和动力的行业。能源行业的发展关乎民生幸福，没有能源就无法进行商品和服务的传递，能源的重要性不言而喻。那么，这么"重"的一个行业，能和区块链有什么交集呢？

最近几年，能源互联网这个概念非常火，在政策层面，它还被写在"一带一路"倡议之中。随着能源互联网的兴起，过去能源企业的传统业务模式和盈利模式不再适应数字化、低碳化的新需求。

区块链技术作为一种新型数据库技术，可以增加能源互联网中多利益主体之间的相互信任，其去中心化、公开、透明等特性也与能源互联网的理念高度一致，有助于解决能源行业面临的生产、消费、输送、存储、交易以及资本融通等诸多环节中的低效问题，在未来能源领域具有广泛的应用潜力。

目前来看，能源区块链项目主要分布在分布式能源管理、碳交易、融资等应用领域。

我们先来看看分布式能源管理。

区块链的去中心化特点，能够大幅度降低分布式电力的交易成本，提升交易效率。这种应用可能会反过来对分布式电力行业带来革命性的变化。原本无法动态交易的家庭分布式设备，在未来都有机会接入一个大的网络中。通过智能合约，供应商和消费者能够通过创建基于价格、时间、地点和允许的能源类型等参数，实现销售自动化。

早在2012年，西门子公司就利用区块链能源技术的分类账目数据库，为美国布鲁克林公园斜坡地区的居民开发了一套"微电网"系统，微电网包括了网络控制系统、转换器、锂离子电池存储和智能电表。布鲁克林地区的居民可以通过启用微电网，交易屋顶太阳能电池板所产生的多余电力，而且所有交易被自动记录在当地公用事业区块链上，对所有居民公开可见且无人可以修改。而在区块链技术问世之前，所有的这些交易行为记录，都需要人工手动操作去完成，缺乏透明度和可信度，资源也得不到更好地利用，浪费现象比较严重。

再举个电动汽车的例子。电动汽车已经走进越来越多的家庭，随之而来的是各式各样的充电基础设施，有数据说，目前全球约有168万套私人电动汽车的充电设备，且继续保持很高的增速，然而绝大多数充电设备在每天的大部分时间内都处于闲置状态。如果建立起通证经济体系，为私人充电设备的车主提供补贴激励，就可以让它们共享给公众使用，同时车主可以自己设定充电价格，通过区块链技术即时、高效、安全地处理所有计费、支付和身份验证问题。

此外，碳排放领域也是区块链+能源的重要用武之地。

减少温室气体排放是全球各国的统一目标，然而碳排放的每项技术和政策途径都依赖于在全球市场中准确测量和记录碳含量的方法。但目前这些方法的透明度有限，各个主体之间的标准不连贯，各国监管制度也不统一，造成了严重的信任问题。

作为交易数据的可信存储库，区块链技术让我们有机会创建不可更改且透明的市场数据记录，有助于在碳捕捉、利用和存储活动等方面跟踪碳排放。针对碳排放识别和认证困难，以及交易流动性太小的痛点，美国一家区块链初创公司就在寻求使用区块链技术促进碳排放市场优化的方案，客观验证二氧化碳总量，并促进供应商和买方之间的交易。

难怪联合国的高级官员曾经说："区块链技术可以促进更广泛的利益相关者参与，提高透明度和参与度，并帮助提供信任和气候进一步变化的创新解决方案。"也许，用区块链技术去重新构建和设计《巴黎气候变化协定》，各国在一个公开、透明、公平的环境下去讨论和解决气候问题，可能就不会出现2017年美国总统特朗普决定"美国将退出《巴黎气候变化协定》"的历史性倒退了。

当然，区块链也可以发挥能源行业新项目的融资功能，在符合当地法律法规的前提下，允许项目以通证化的形式，通过透明公正的区块链合约机制向公众募集资金，并使用项目的收益向投资者分配奖励。

不过，我们历数了目前市面上的区块链项目后发现，美国依然是"区块链+能源"创业的最佳土壤，美国的硅谷、纽约等地区都聚集着大批能源区块链创业者。前面提到的纽约布鲁克林"微电网"的能源区块链交易，到今天还时常被很多业内人士提起。

至于美国为什么能够诞生如此多的能源区块链项目，除了美国强大的IT及科技金融技术基础和人才之外，还有一个重要原因不容忽视：美国各个州的能源市场和政策都有很大的区别，既有完全开放的能源市场，也有较为保守的能源市场，这为能源区块链创业者们提供了绝佳的试验场。

以美国电网为例，与很多国家由几大公司控制输电网不同，美国电网公司的数量超过500家，美国也没有全国性的电力市场，只有大约8～10个区域电力市场。电力市场主体的分散化和交易模式的多样化，使得能源区块链从底层技术到商业应用在美国得到了迅速发展。

相比国外的区块链能源投资与应用的活跃程度，我国的能源区块链领域依旧是一片蓝海，也希望有更多的"区块链+能源"探索者在这片蓝海中创出一片新天地。

延伸阅读：

区块链赋能的智能电网是如何实现交易的

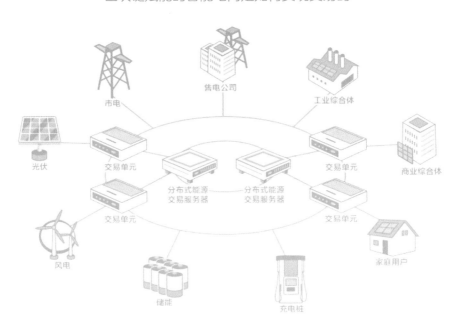

图5-4　电力的分布式交易平台流程图

1. 主要功能

（1）交易结算：建立去中心化的交易规则，参与方共享数据，结算透明。

（2）智能合约：为交易双方提供定制化交易模板。

（3）资产证书：生成数字资产证书在平台进行交易。

（4）终端传感器：提供区块链数据采集硬件模块。

2. 技术优势

（1）基于P2P网络支持分布式主体间的自由交易。

（2）基于区块链技术构建智能合约机制，形成统一交易规则。

（3）数据采取多重加密和多重认证，保障链上数据准确、可靠。

（4）采用深度学习—神经网络等技术，实现交易预测分析。

（以上图片及内容节选自融链科技产品资料）

第38讲 有了区块链发票，"贴贴贴的日子"一去不复返？

这一讲我们聊聊区块链能帮助政府做些什么。

两年前，有则新闻引起了媒体和大众的广泛关注：2018年8月10日，全国首张区块链电子发票在深圳出现，在国家税务总局、深圳市的有关领导和多家媒体共同见证下，深圳国贸旋转餐厅开出了全国首张区块链电子发票，宣告着深圳成为全国区块链电子发票的第一个试点城市。

那么区块链电子发票和过去的发票有什么不同呢？为什么会引起这么大的关注？

如果仔细观察打印后的区块链发票右上角的密码区，会发现有一连串数字和字母的组合，乍一看它好像和普通发票没什么区别，都是毫无规律的数字、字母组合，但实际上，区块链发票上的这串密码组合和普通发票相比升级了不少。它是在结合区块链技术下产生的，使用的是哈希散列函数算法，简单讲就是它可以把任意长度的输入，通过散列算法变换成固定长度的输出。

不要小瞧这个新的密码组合队列，通过哈希算法的加持，任何人都无法从密码组合推断出原始的输入值，发票数据的保密性和安全性都得到了质的提升，它会通过区块链分布式存储技术，连接商户、公司、税务局等每一个和发票有关的人。

对商户来说，以前人多开票慢、手滑开错票等烦心事，给消费者的体验很不好，影响到商家的口碑；现在，消费者结账之后就能自行获取电子发票，大大节省了等待时间和商户在硬件、人员上的成本。

对企业来说，采用区块链电子发票，可以安全快捷地实现发票申领、开具、查验。

对税务监管方、管理方而言，通过区块链管理平台，可实时监控发票开具、流转、报销全流程，实现无纸化智能税务管理，保障税款及时、足额入库。

对一名普通员工来说，过去需要把电子发票打印出来形成纸质凭证，接着提交到公司财务，再由财务审核统一整理，每月在固定时间向上级申报，最后才能获得报销。过程复杂，而且涉及多个需要验证的环节，效率很低，让人头大。如今，借助区块链发票，员工的发票可以在第一时间实现一键报销，发票信息将实时同步到企业和税务局，员工在线就可以拿到报销款，可以说，区块链发票让"贴贴贴的日子"一去不复返了。

在2018年由火星财经主办的"POW'ER中国区块链贡献者年度峰会"上，腾讯区块链业务总经理蔡弋戈首度公布了腾讯区块链在电子发票领域的成果：半年时间，区块链电子发票累计开票130万张，累计金额15亿，注册企业1500多家。不夸张地讲，区块链发票的产生标志着纳税服务正式开启了区块链时代。

其实，不止区块链发票，还有区块链营业执照。2019年3月，重庆发出了第一张基于区块链技术的电子营业执照。它同样是利用了区块链技术信息安全、数据溯源、可信共识等特性，减少办事企业、群众重复提交证照和证明材料，窗口工作人员反复审核的人力和时间成本，使政务服务效能得到极大的提升。

相对于纸质营业执照或者普通电子营业执照主要用于记载企业的基本信息，区块链营业执照还可以记载企业经营全过程的信息，包括办照前主体信息、前置审批信息，办照时的登记、变更信息，办照后的后置审批信息、财税信息、信用监管信息等，所有过程信息一经上链，无法篡改。

区块链发票、区块链营业执照只是区块链应用于政务领域的两个细分场景，我们再来看一个示例——雄安新区是如何把区块链应用到政务领域的。

有人说，不读懂雄安就无法读懂当下中国的走向。雄安到底有多重要？"千年大计、国家大事"，这一措辞的内涵极具想象力。但你可能未必了解，在中国，还没有哪一个城市或地区如雄安这般重视区块链。从租售的第一间房子、建设的第一栋楼、种下的第一棵树开始，区块链已经融入雄安建设发展的血脉中。

2018年2月，雄安上线了国内首个区块链租房应用平台，在这个平台上，挂牌房源信息、房东房客的身份信息、房屋租赁合同信息等将得到多方验证，不得篡改。还有"千年秀林"工程，它的目标是把雄安新区的森林覆盖率由现在的11%提高到40%，资金占用巨大，任务非常繁重，借助区块链技术来管理造林资金，把植树造林资金支付链条延伸到付款的最末端，工程款、劳务工资都可以在区块链系统完成，确保专款专用，杜绝了政府专项资金被违规使用的问题。

总结一下，面对电子政务中的数据孤岛、成本高昂、网络安全、效率低下、监管缺失等痛点，区块链可以在电子票据、政府审计、数字身份、数据共享、涉公监管、电子存证、出口监管等细分领域，为电子政务提供新的解决方案。

未来，区块链智能合约技术将为不同人群设计不同政务服务的解决方案，并与云计算、人工智能等技术融合，共同推动政务智能化的进一步发展。

最后，留一道关于区块链发票的思考题：如果借助区块链和人工智能技术之后，企业财务人员不必再为每天记账、核算、报税、报销、发工资之类的琐事所累，那么一个企业还需要那么多财务人员吗？过去的会计、出纳等基础业务岗位还会继续存在吗？

延伸阅读：

全国首张区块链电子发票长什么样？

2018年8月10日，深圳国贸旋转餐厅开出了全国首张基于区块链技术的电子发票（见图5-5），正式宣告深圳成为全国区块链电子发票首个试点城市，也意味着纳税服务正式迈入区块链时代。

图5-5　区块链电子发票

第39讲　怎样做才能让问题疫苗彻底消失？

这一讲聊一个和你生活息息相关的话题：区块链和医疗健康。

大家都有过感冒发烧和身体不舒服的时候，有时候因为工作忙就忍忍，懒得去医院排队挂号看病，但是有时候却将病情拖得更加严重，不得已还要去医院。这个时候，你可能会想，有没有一种技术可以让人不用去医院，就能实现线上就诊、开药，并且还能够将药品送货上门呢？其实，借助区块链技术就可以实现这个"懒人看病"的想法。

蚂蚁金服和上海复旦大学附属华山医院早在2018年9月，就在国内率先推出了首个区块链电子处方方案。有了这个区块链解决方案，电子处方、线上开药、配药、送药、签收药等流程都将被记录，不可篡改且可追溯，处方的权威性和可信度得到保证。同时，一张处方被标记已配送后，就不可再次配药，这也可以避免处方滥用问题。虽然华山医院当时只是以内分泌科为试点，但是相信不久的将来，全国范围内都可以逐渐使用到如此便捷的区块链电子处方了。

和电子处方相似，区块链在医疗健康领域还有一个更大的应用场景，就是电子健康病历。

可以把病历想象成一个账本，原本它是掌握在各个医院手上的，患者自己并不掌握历史医疗记录，这会对患者就医造成很大的困扰，因为医生无法详尽了解患者的病史记录。

例如，在北京同仁医院看病的记录可能无法在协和医院联网查询，等到去看病时，还需要带齐所有的检查结果，医生需要再次询问和了解过往全部病史，而且病历和记录又以完全不同的电子形式呈现，医生看病时还需要再次输入记录。看病真是既费时又费力。

虽然现在很多大医院普遍都开通了电子病历系统，也就是EHR（Electronic Health Record）系统，患者过往的就医信息都可以在线保存和调阅，但考虑到利益、安全性等诸多原因，各个医院之间的系统往往没有实现数据的完全共享。

2015年7月，美国加利福尼亚的UCLA医院的信息系统遭到黑客入侵，导致450万份医疗记录被泄露，这其中包括了病人的姓名、地址、生日、社保卡号、医保号码、药物清单和体检结果。你也许不知道，在黑市上，单单一份完整的医保信息就可以卖到20美元以上。所以，医疗机构出于安全考虑，大都不敢轻易将自己家的电子病历系统放到互联网上。

而借助区块链技术保存病历记录后，患者在不同医疗机构的所有就医历史数据都会保存在区块链上，也就是说，原本掌握在各个医院手上的患者的电子病历数据会被打通，而且安全可靠，不能篡改。今后看病也好，对自己做健康规划也好，就有共享的历史数据可供使用。

总之，如果能更安全、更准确地获取病人的病历数据，病人的安全将得到更好的保障，治疗效果也会显著提升，甚至出现医疗事故的概率和医疗成本都会大大降低。

除了日常的就诊，基因领域也是区块链应用到医疗健康领域的重要阵地。

日常生活中，我们看到一对父子长得很像，会不由自主地感叹："长得真像，基因真强大！"基因其实是DNA分子上的一个功能片断，但它却可以决定人的生老病死。随着科技的发达，我们个人也可以去监测基因，进而评估出与基因遗传有关的疾病、体质、个人性格等要素，准确率可达99.8%以上。

可以说，基因是连接医疗和健康的纽带。那么问题来了，如果涉及个人隐私和生命密码的基因检测数据被别人贩卖或者盗走，再或者被机构做进一步研究开发，会不会对个人造成不可估量的损失？

为了解决这个问题，DNA钱包应运而生。运用区块链技术，把个人基因数据进行安全存储，使用私人密钥才能获得使用或修改权限。如果用一个形象的比喻，就是给个人的基因做了一个加密数字版的"钱包"。钱包里的个人基因数据，其他人可以看，但不能复制、修改，更不能移动，真正实现了个人基因自己说了算。有了DNA钱包，使得医疗健康服务商能够在获得授权的情况下，安全分享和统计病人基因数据，帮助药企更有效率地开发药物。

此外，区块链具备可追溯性，这使得药品的回溯与监管不再是难题。

如果你还有印象，在2018年7月，有一篇名为《疫苗之王》的文章迅速在微信朋友圈引爆，把疫苗安全的问题推到风口浪尖。长春长生、武汉生物等企业被查出有问题的疫苗高达65万支，涉及数十万家庭，触目惊心。比如，出事的疫苗批次中就有百白破疫苗，它主要是用来预防百日咳、白喉、破伤风三种比较危重的疾病，没有了疫苗的保护，孩子们感染的风险大大增加，一下子让全国的家长都提心吊胆，害怕自己家的孩子接种了问题疫苗，人心惶惶。国务院总理李克强专门就疫苗事件做出了批示：必须给全国人民一个明明白白的交代；尽早还人民群众一个安全、放心、可信任的生活环境。

这次疫苗事件暴露了现有疫苗产业的诸多问题，如企业擅自编造生产记录和产品检验记录，在案件回溯中，无法确认是哪个环节记录造假；疫苗需要冷链配送，但物流企业是自我监控，缺少监督；疫苗流通销售环节存在腐败可能，但追责却十分困难；等等。

而通过区块链技术，可对疫苗在供应链上所有环节的关键细节和相关信息进行查询，包括疫苗的生产日期、价格、疗效、流通情况等，并可以追溯到原材料的采购阶段。同时，还可以引入共识机制，各个环节参与者共同记录和维护数据，防止某个环节的参与者单方面修改或删除数据。总之，每一剂疫苗的生产到使用全过程都被记录下来，任何一个环节出了问题都能被查究出来。

或许，区块链技术的出现能让问题疫苗彻底消失，也希望我们能够与问题疫苗告别，类似的悲剧永远不再出现。期待那一天早日到来。

延伸阅读：

华大区块链在个人生命数据的应用场景

华大区块链从自身实践做起，为员工搭建了一套基于区块链的跨组学数据安全共享系统（见图5-6），支撑个人生命数据的价值实现。这是华大区块链的首个应用场景，后续也将推广、升级到华大对外与政府、医院在跨组学数据的科研、临床和产业应用等方面的合作中。

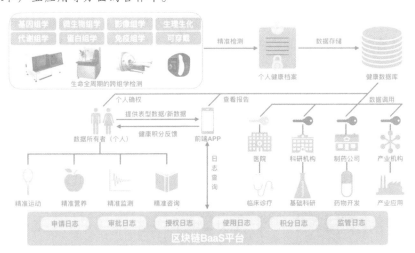

图5-6　华大集团区块链技术在跨组学数据的应用场景

（1）通过生命组学工具（测序仪、质谱仪、影像设备、可穿戴设备等）收集全方位全周期的生命大数据，形成人人、实时、终身的生命健康档案，形成数字化生命。

（2）所有数据将加密处理，由国家基因库进行统一存储，确保数据硬件安全、物理安全和访问安全。

（3）用户可通过前端 App 授权个人数据被内部科研团队、合作医院、健康管理团队等使用，所有的使用日志将以区块链形式记录，用户可实时查询、授权个人数据使用情况，实现用户对个人数据的控制权，将数据价值还于个人。

（4）对于授权数据使用或主动提供组学数据的用户，华大以健康积分作为激励。健康积分可用于各类健康促进服务（精准运动、精准营养等），实现个人生命数据价值的正向反馈。

基于区块链技术的数据交互模式现已应用于对内的跨组学数据员工健康计划以及对外的肿瘤关爱计划，已实现近万人的组学数据安全共享与价值实现。随着华大业务覆盖更多人群，该模式将重构个人组学数据的生产交互模式，真正实现"我的数据我掌控、我的健康我做主"。

（以上图片及内容节选自华大区块链白皮书资料）

第40讲　汇集万物感知的"潘多拉星球"真的可能存在吗？

在詹姆斯·卡梅隆的电影《阿凡达》中，IMAX技术逼真地将一个神奇的世界呈现在观众面前。在潘多拉这颗星球（见图5-7）上，所有树木的根相互连在一起，形成了一个覆盖全球的网络。和任何一棵树相连，都能感知全球的变化。当我在看这部电影时，看到潘多拉星球那一刻，我就在想，这不就是很多人心中理想的全球物联网嘛。

图5-7　电影《阿凡达》中的潘多拉星球

在小米手机的一场发布会上，小米CEO雷军宣布要在AIoT领域持续投入100亿元，作为接下来五年的公司战略。AI是人工智能的意思，IoT是物联网的意思。其实在宣布这个战略之前，小米就已超越苹果公司，成为世界上最大的智能穿戴产品厂家了。在小米打造的生态中，大到电视机、冰箱、空调，小到手机、手环、摄像头，都可以联网，共同构建起一张无边无际的物联网系统。

曾有一则女子在深夜街道被陌生男子暴打的新闻传遍了全网。由于男子的暴行被街边商店的监控摄像头拍了下来，不到24小时，这名嫌疑犯就被抓捕了。但是无处不在的摄像头也对人们的隐私构成了威胁。一对夫妻在酒店房间中发现了隐藏摄像头，告知酒店后，酒店却说百分之八十的酒店都装了隐藏摄像头。另外，因为有了语音唤醒，我们身边的智能音箱和智能手机每时每刻都可以监听周围的对话。不知道智能音箱的公司收集到了多少隐私信息，这些信息又被如何处置和使用了。

所以说，物联网的概念虽然很好，但个人隐私保护、安全保障等方面的问题也越来越多地暴露出来。

2019年6月初，工信部向中国移动、中国联通、中国电信和中国广电发放了5G牌照。这一举措的推出速度大大超出市场的预期，意味着我国5G商用正式提上日程，5G时代加速到来，这为物联网的构建提供了重要的硬件技术支撑。

原腾讯副总裁吴军预测，相比前两代互联网，也就是固定互联网和移动互联网，作为第三代互联网的物联网将创造一个千万亿美元的新市场。但是，物联网如果要大规模使用，还需要克服两大难题：容量和安全性。5G的低延时、高速率、高容量、设备的大规模链接等特点让万物互联成为现实。有人做过实验，5G的下载速度达到了4G的15倍。据国外机构预测，到2025年，全球物联网连接数将超过250亿。

物联网设备的运行依赖于基础设施和云端之间的互联，因此，几乎所有用户的使用信息都将被传输到云端。

在5G技术的加持下，基础设备与云端中心的联络速度变得更快，而一旦云端出现问题，所有用户的隐私将无法得到保障。

人与人、人与物、物与物之间的安全、隐私问题该如何解决？当一切终端以开放的方式接入物联网，数据安全如何保障？随着5G技术的普及，这些都成为亟待解决的问题。

区块链众多的优点中，最重要的就是去中心化。

如果在5G+物联网的基础上接入区块链技术，那么就能让整个系统由中心化变为去中心化。既然是去中心化，那么物联网上的每个节点就都是一个独立的中心，因此，当一个节点出现问题时，并不会对相邻的其他节点产生影响。这样一来，就能避免出现当黑客攻击一个节点时，导致整个网络瘫痪的问题发生。

此外，在算力方面，得益于区块链的分布式特性，区块链技术将物联网的每个节点都变成一个"计算机"。在中心化网络中，每一个物联网电子设备的每一个节点在运行过程中，都要依靠中央服务器（云端）来做出判断。然而，当物联网加入区块链技术以后，物联网上的每个节点都具有了独立运算的功能。这样，每个节点面对自己需要解决的问题时，就能够通过自我计算自行处理，只需要及时向中央服务器进行数据报备即可。这样一来，就能实现指令之间的互相确认，一举提高整个物联网的计算能力。

5G 的推出将使设备之间的交易和支付呈爆炸式增长，到那时，当前的中心化和去中心化的金融基础设施就会变得相形见绌。

海尔算得上国内传统企业试水区块链的先行者，海尔CEO张瑞敏看到了区块链的革命性，对公司组织和业务方向进行了前瞻性布局。目前，海尔集团从事区块链研究的主要是两个部门：一是海尔集团的IT部门，负责底层技术研发；二是海创链，负责提供生态链的应用解决方案，海创链正是海尔集团内部孵化的公司。

海尔对于区块链技术的应用尝试主要是"食联网"和"衣联网"。

食联网由海尔冰箱主导。未来的冰箱一定都是智能的，会有很多传感器、摄像头，还会有屏幕，可以进行人机对话。因此，海尔认为冰箱可以作为食联网的销售终端和交互终端。

在农产品种植管理环节，通过物联网采集种植区原始信息，将农作物种植信息上链存储；在农产品加工环节，将农产品包装过程信息存储，农产品合格证信息上链；在物流配送环节，农产品运输过程可实时追溯；在消费终端，每个产品都有编码，每件货物的产地、合格信息都有源可查。

在海尔的构想中，食联网和传统溯源相比的最大优势就是食品行业链条的真正闭环。作为终端，海尔智能冰箱能够完全掌控食品在家庭中的生命周期。

再来看衣联网，它是由海尔洗衣机主导的。一方面，通常服装上都有洗标，会标明它的成分。用户可以实时获取产品信息，包括服装的原材料追溯、工艺、设计等，让用户穿得安心。另一方面，这个"身份证"也可以成为服装品牌的"名片"，向用户展示每件服装背后的设计、生产、销售的全部流程，为服装企业真实可信的品牌做背书。

海尔的区块链革命展示了区块链和传统制造企业的化学反应。区块链是体，物联网是用，物联网的发展离不开区块链的帮助，物联网让生活智能化，区块链携手物联网让智能化的生活降低成本，从而人人都可拥有智能生活。

最后，我还想强调的是，物联网要实现完整的商业闭环，离不开与区块链的相辅相成。

在物联网实现商业闭环的路径中，区块链可以提供重要的辅助作用：区块链技术赋予数字设备身份的不可篡改，为物联网中设备网络化提供了基础保障；依靠区块链的分布式账本、非对称加密算法等，保证了物联网的网络数据化、数据资产化和资产份额化；同时，通证设计让物联网商业中的份额交易化、交易金融化的实现成为可能。

总之，没有区块链技术的赋能，物联网很难发挥其在经济结构、经济制度和商业模式上的重大革新作用。期待着区块链与物联网的深度整合，为我们构建一个"潘多拉星球"式的理想国。

延伸阅读：

基于实时数据的物联网供应链管理

在图5-8所示的场景中，从原材料到最终产品，再到客户使用的全过程，数据由区块链进行记录，无须中心数据库、无须第三方信任机构。区块链赋能物联网之后，保证所有信息"在一个相当高阈值范围内"可信、不可篡改、不可抵赖，全程可监控、可溯源，有利于建立互信、明晰责任、提升效率。

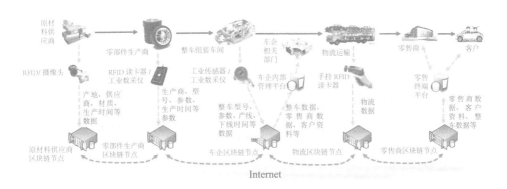

图5-8 区块链+物联网的应用场景：基于实时数据的供应链管理

第41讲　蜘蛛侠和绿巨人的故事可能因为区块链而重写?

本讲先从电影聊起。2019年上映过一部巨作——《复仇者联盟4》，影片一经上映便受到市场热捧，总票房约28亿美元，一举打破了《阿凡达》创造的影史票房纪录，成为迄今为止全球票房最高的电影。作为顶级IP，复仇者联盟系列电影累计为漫威赚取了200亿美元，《钢铁侠》《美国队长》这些影片中的角色更是深入人心。

图5-9　复仇者联盟中的不同英雄角色

然而，当年漫威影业还只是一个工作室的时候，为了能糊口度日，不得不出售大量的角色版权，把"蜘蛛侠"卖给了索尼，把"X战警"卖给了福克斯。像"超人"和"蝙蝠侠"这些大众也很熟悉的角色，实际上并不属于漫威，而是属于美国另一家动漫公司——DC漫画。

后来，因为角色互相抄袭，版权界定不清晰，漫威和DC漫画两家公司打过不少官司，最典型的就是"死侍"和"丧钟"，两个角色的人物造型相差不大，超能力也很像。搞笑的是，在DC漫画内部也免不了抄袭，"超人"和"沙赞"就最为典型，除了穿的衣服不一样，其他几乎一模一样。

在第一部改编自同名系列漫画的电影《钢铁侠》大火之后，漫威渡过了青黄不接的难关，逐步将旗下的超级英雄们"接回了家"，所以我们才能在《复仇者联盟》里看到蜘蛛侠的身影。但是，收回并不顺利，索尼影业前后拍了几部蜘蛛侠相关电影，赚得盆满钵满之后，才将蜘蛛侠的版权还给了漫威。因为蜘蛛侠所有的角色故事几乎都被索尼榨干了，漫威不得不又重新设计蜘蛛侠的新剧情。

如今，X战警、死侍、神奇四侠等曾经的漫威英雄们的版权依然属于20世纪福克斯公司。由于20世纪福克斯对这一系列的动漫角色开发得比较充分，花费了不少精力和财力，再加上最初签署版权协议时和漫威存在一些有争议的条款，所以在外界看来，它们将会是漫威最难收回的英雄角色。

无独有偶，2019年，视觉中国因黑洞及国旗国徽图片导致的版权维权争议，引发了公众对"版权碰瓷"行为的关注。许多大V和自媒体纷纷诉苦，因为曾经文章引用的图片没有注明出处是视觉中国，而收到视觉中国的律师函。

据国内某咨询公司数据显示，78.8%的受访企业认为，视觉中国的维权方式属于敲诈，而超过75%的受访企业解决版权纠纷耗时在3个月以上，且69%的受访企业认为处理"版权碰瓷"纠纷已成为企业的负担。

版权保护关乎所有原创者的利益。目前，国内版权保护方案并不能有效解决版权纠纷问题。如何利用先进技术有效解决版权问题，已经演变成一个当下亟须解决的社会问题。

目前来看，数字版权行业存在三大痛点：

第一，确权难。传统版权登记周期长，同时登记价格偏高，对于海量的微作品不适用。

第二，授权难。如果确权环节没做好，授权就会出现问题，导致权属不清晰，结算不透明，交易无保障。

第三，维权难。证据难固定，侵权主体难寻，流程烦琐，维权成本过高，得不偿失。

那么，应该如何运用区块链技术去解决版权领域存在的问题呢？

首先，在区块链里面要有节点规划，如果链上没有节点是没有意义的。有节点之后，再协商具体事项实现共识。节点包括版权保护业务的相关方、司法服务第三方以及其他可信第三方。

其次是版权区块链的存证。确权存证就是证明这个东西是你的，而授权一个合同备案即是一个合同存证，确权后将信息登记上链，也是一个存证。例如，京东的溯源区块链，从大小仓库到承包商、批发商，都有信息的存证记录。

而做存证，离不开三大要素：人、事、时间。

关于人：数字身份认证的厂商提供的服务必须是实名制的，如果它是匿名的，按照新的监管要求，那是不行的。

关于存证这件事：难点根本不在区块链上，怎么保证链上链下数据一致才是最主要的问题。但是数字作品没问题，数字作品有一个哈希值，只要作品发生改变，哈希值也会改变。

关于存证的时间：区块链上的时间是不准的，区块网络内会有时间差，而使用可信时间可以增强信用。

那么提出解决方案之后，如何运用到具体场景里呢？

版权区块链应用包括三个方面：第一，确权的存证，证明东西是你的；第二，交易授权，证明我授权给你了，出具授权证明；第三，侵权取证，把授权凭证通过录屏、截屏的方式存储在区块链上。

我们拿一个"版权保管箱"的场景应用来做例子：创作者的作品一旦生成，版权保管箱就开始保护创作者的数字内容版权，它会跟版权区块链实时通信，也就是说创作者任何作品的任何版本，只要放入版权保管箱，就都有留存并写到区块链上，实现版权证明。基于这个证明，我们就可以展开相应的版权交易，国家版权局可以给作品盖章，并且可以得到法院司法认可的存证。

实时上链，实现创作即确权、使用即授权，授权证据上链，随时保留追责权利，这样才能让创作者安心创作。

人类传播史上，经历了语言、书写、印刷、电子、互动等5次革命，区块链的出现，可能会把人类带入价值传播的新时代。有了区块链的助力，"人人都是创作者、人人都是版权人"的理想化场景离我们将越来越近。

有了区块链技术的应用，类似复仇者联盟角色的版权归属、视觉中国的图片版权纠纷等问题，可能就不复存在了。甚至，我们可以想象，如果漫威角色的版权能够通过区块链早日得到解决，蜘蛛侠和绿巨人的故事没准都会重新改写吧。

延伸阅读：

百度智能云区块链如何做到可信存证

区块链能助力音视频版权保护，促进版权交易合约化和高效率（见图5-10）。

解决痛点:

- 音视频内容盗取盗用,内容造假。

- 内容生产者以及平台维权困难,缺少法律保护。

- 无法及时发现版权内容被盗用。

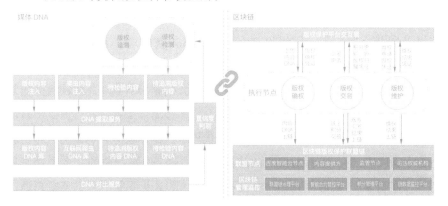

图5-10 百度智能云区块链

解决方案:

- 建立版权业务的共享账本,提高版权的公信力和司法效力。

- 智能合约助力版权交易的合约化,提高交易效率。

- 结合视频 DNA,为多种数字内容提供唯一标记,保证唯一性、稳定性、高准召、抗攻击性。

场景案例:

- 短视频 UGC 内容版权保护。

- 自媒体 UGC 文章版权保护。

- 版权联盟。

（以上图片及内容来自于百度智能云区块链白皮书资料）

第42讲　用区块链社交工具能免费发信息，
零广告还让你赚钱？

社交平台是互联网最大的应用方向之一。从MSN到QQ,从Facebook到微信,尽管搭载平台一直转变着,但人们渴望交流沟通的需求始终存在。

然而，目前的社交网络始终是中心化结构的，社交平台制定规则后，用户在遵守规则的基础上发布内容，平台负责内容的存储和转载推广。这些社交平台虽能提供用户的沟通交互，但为了自身盈利，它们不仅仅针对个人用户，同样还为大量广告商提供服务，时时收集用户信息、动态，并分类分析，获取用户偏好信息后，向潜在用户定向推送广告。

作为世界上最大的社交网络平台，Facebook坐拥几十亿用户，它的主要收入来源是平台广告，2019年其广告收入突破600亿美元。如此丰厚的广告收入与Facebook对用户数据的精准分析匹配密不可分。但是最近几年，Facebook用户数据泄露事件却频频发生。

我国的国民应用"微信"也拥有十几亿用户。微信官方宣称，微信绝不会存储用户的聊天记录，或者靠用户的聊天内容牟利。但是微信的文章推送是根据好友点赞排序的，微信称其为"社交推荐"，其实也是变相利用了用户的社交关系。

我们正生活在被社交寡头垄断的混沌世界里。据报道，平均每人每天在社交媒体上花费约116分钟，而在这之中个人隐私不断被解码，信息接收被控制，平台通过瞄准需求后投放精准广告，我们还为"社交巨头们"赚下高额利润。

如今，以"去中心化"和"加密算法"著称的区块链已经逐步在很多行业广泛应用，于是不少人也将目光放在了"区块链+社交"上。那么，用户隐私及社交数据泄露的问题，能否依靠区块链技术得到有效解决呢？

区块链是分布式数据存储、点对点传输、共识机制及加密算法等计算机技术的新型应用模式。这就意味着区块链在技术上是一个分布式账本的解决方案，其不可篡改的特性可以保证可信度。而所谓共识机制，是区块链系统中实现不同节点之间建立信任、获取权益的数学算法。利用区块链分布式技术来构建全新的社交平台，对于用户而言，它就是一个无中介化的社交网络平台，点对点的、可信任的对等社交平台，在这样的平台上，用户可以自己控制数据。

以色列特拉维夫的塞内雷奥（Synereo）公司就通过区块链技术打造了一个点对点的社交网络平台。它无法记录、存储任何个人信息，也不会向用户推送精准广告。塞内雷奥社交网络平台让用户在自己的设备上运行节点接入网络，点对点实时互连，用户信息以加密形式存储在网络节点上，形成一个分布云，只有掌握了秘钥的人才能查看数据。塞内雷奥的创始人一直强调，要创建一个"不通过收割用户信息进行变现的社交网络"。

区块链的内容社交平台与传统的互联网社交网络平台在内容形态上并没有太大不同，唯一值得关注的差异点就在于区块链技术的应用，而这项技术的应用除了在隐私、安全等方面的保障外，还为用户引入了通证这一价值凭证，有了通证，用户的各类操作更多地跟"价值"有了关联。

上文所提到的塞内雷奥网络，在实时点对点互相交流的同时，便会对做出存储和算力贡献的用户提供补偿，也会向创建和维护内容的用户提供奖励。这个社交网络中的用户之间发消息、发文章、发图片、发视频，都是点对点进行，用户还可以发布收费的内容。

还有一家名为Yours的去中心化的社交媒体平台，它专注于做基于比特币的内容创造者社交媒体平台。这个平台的广告语说明了一切——你负责创造或发现好内容，Yours负责帮你赚钱变现。Yours开发者曾写道：互联网自身就是网络，Yours的点对点网络是基于互联网这个大的网络，它可以让所有其他网络内容变现。而Yours平台把内容控制权完全交给用户自己，用户可以创建频道，获得创作收入。

另外，Steemit、币乎、QUNQUN、ONO等均是目前较受关注的去中心化社交网络平台。

Steemit是Steem区块链团队开发的社交媒体平台，用户在该平台发布内容后，根据投票和评论等规则，可得到系统奖励的Steem币。简而言之，就是有奖励机制的Facebook或微博。

币乎更像一个社交博客，用户可以通过写文章来获取奖励，读者的点赞就可以带来收益。头部作者的一篇文章可以赚1000～5000元不等，读者可以通过抢赞赚取几元到几十元不等。

QUNQUN有点类似百度贴吧，用户必须加入某个群才能发帖，目前只能通过别人分享的群邀请码才能注册。凡是为QUNQUN做出内容贡献的人都可以得到QUNQUN通证，而且它可以自由交易。

ONO类似微博+微信的结合体，用户只能发500字的内容，同时还有朋友圈的功能。用户发内容，别人来点赞后，双方都可以获得收益。

现今，我们生存的时代是一个以信息和数据为中心的高速运转的时代，大众对社交网络的依赖已不可剥离，但与此同时，来自社交网络的信息安全威胁也在日益上升。正因如此，区块链+社交平台的出现才被寄予了解决用户在隐私、知识产权保护和言论自由等方面痛点的期望。

总之，由于对等性，区块链社交网络比中心化的平台更有优势，用户可以更自由、更放松、更随心所欲。

不过，当前"区块链+社交"的各类项目应用仍处于萌芽阶段，无论在奖惩机制还是运作模式方面都在不断摸索和进步当中。区块链行业本身也仍在发展的初级阶段，如果人们只一味想要从中获利，用各种投机倒把的手段去骗取代币，而忽略社交本身及内容本质，那这将会是场"社交平台区块链化"不得不严肃面对的挑战。

借助区块链技术能够改变过去的节点与节点之间的信任方式，也为新时代的社交带来新的变革希望。期待未来我们能在真正自由安全的社交网络中真正放飞自我，尽情翱翔。

延伸阅读：

Facebook用户数据泄露事件始末

2018年3月17日

有媒体曝光Facebook上超5000万用户信息在用户不知情的情况下，被政治数据公司"剑桥分析"获取并利用。据称，一名剑桥大学讲师通过一个性格测试应用收集到数据，并卖给了数据分析公司Cambridge Analytica。受此影响，Facebook在19、20两日市值蒸发500亿美元，抹平其今年以来的全部涨幅。

3月22日凌晨

Facebook CEO扎克伯格在泄露丑闻后首次发声，他承认对Facebook数据泄露事件负有责任，并承诺将对开发者们采取更严格的数据访问限制。

3月25日

扎克伯格在6份英国报纸和3份美国报纸上，为5000万Facebook用户信息被数据公司"剑桥分析"泄露和利用一事道歉。在信中，扎克伯格称："这是对信任的违背，我很抱歉我们没有在当时做得更多。"还称，"我承诺会为你们做得更好。"报纸页面上还用较大字体写着："我们有责任保护你们的信息。如果做不到，我们就不配提供服务。"

3月28日

Facebook宣布，今后6个月终止与多家大数据企业合作，以更好地保护用户隐私。"终止合作"清单上，Facebook列出了九家知名大数据企业，包括安客诚、益百利、甲骨文等。

4月4日

Facebook公司首席技术官Mike Schroepfer在其官网发布声明，目前共有8700万Facebook用户的个人资料被泄露给了"剑桥分析"公司，这些用户主要集中在美国。这个数字大大超出了纽约时报最初爆料的5000万人。

4月9日

美国国会公布了扎克伯格为接下来的国会听证准备的证词。证词中扎克伯格称："我们先前没有充分认识到我们的责任，这是一个巨大的错误。"

4月10日

扎克伯格参加美国国会参议院司法委员会和商业、科学及交通委员会联合举行的听证会，表示Facebook公司没有在用户数据保护方面做出足够努力，导致出现了"剑桥分析"滥用用户数据事件。

第43讲　用数字货币重建被烧毁的巴黎圣母院可行吗？

慈善行业一直以来都是一个备受争议的话题行业。一方面，很多人认为世界上存在很多的不公平，我们需要去帮助那些弱势群体。但另一方面，很多人也认为现在慈善行业黑幕太多，我们的善意总是被别人利用。

慈善行业层出不穷的问题让这个本来最温暖的行业慢慢变得冰冷，慈善人士的满腔热情逐渐消逝，而真正需要帮助的群体依然在苦难边缘挣扎。如何解决慈善行业的信任危机？如何让慈善行为得以有效落实？这是慈善行业目前亟须解决的问题。

2011年6月，发生了一起震惊网络的郭美美事件。郭美美在网上炫耀其奢华生活，并称自己是中国红十字会商业总经理，从而在网络上引起轩然大波。尽管红十字会公开反驳了网络上的流言，郭美美也锒铛入狱，但是民众对红十字会的信任却大打折扣。

2019年，巴黎圣母院被一场大火烧塌了屋顶（见图5-11），巴黎市长和法国总统都亲自到火场指挥救火。法国富豪和各大公司也纷纷慷慨解囊，奢侈品牌LV的老板、法国首富阿尔诺表示自己会捐赠两亿欧元。但是后来发现，几个月过去了，阿尔诺连一分钱都没到账。

同样，在2020年抗击新冠肺炎的过程中，湖北省红十字会因物资使用情况屡遭质疑。媒体反映红十字会接受了社会捐赠的大量物资而医院还是缺少物资的问题，红十字会再次站到了舆论的风口浪尖，连续多天成为社会热议话题。

图5-11　2019年4月15日，法国巴黎圣母院发生火灾

无论是郭美美事件、巴黎圣母院的捐赠问题，还是抗击新冠肺炎的捐赠问题，都和慈善息息相关。看到过一组研究数据，超过三分之一的慈善欺诈行为的实施主体就是慈善机构工作人员、受托人或志愿者。这项研究指出，治理薄弱、财务控制不善和对关键个人的过度信任是造成慈善管理问题的共同因素。

基于这一点的考虑，去中心化的区块链系统和加密技术的进步，或许可以有效解决慈善行业目前的困境。

自比特币问世至今已经十多年了，在这十多年的发展过程中，许多机构开始意识到，区块链技术不仅能应用于金融领域，在其他行业也大有用武之地。

说起区块链技术的初衷，有一点就是在涉及多个参与者的情况下，消除由于机制不透明带来的腐败问题。除此之外，这项技术还为审计追踪提供了便利，使慈善捐赠者可以在整个审计周期内追踪捐款的去向。

区块链技术给慈善行业带来的影响会是巨大的。区块链技术有可能彻底改变该行业的运作方式，提高该行业各组织的运作效率，从而为真正有需要的人提供切实的帮助。而且，从信任度的角度来看，区块链技术无疑会极大地增强人与人之间的信任，而这正是慈善行业目前最缺少的。

具体来看，区块链技术拥有的去中心化、公开透明、信息可追溯、通过智能合约自动执行四大优势，正好对应解决了原有的慈善公益项目被人诟病的四个主要问题。

第一，去中心化的特点。区块链可以将慈善公益项目相关的信息分布在网络各个节点上，目前没有什么技术能同时篡改整个网络51%以上的节点数据，这样就杜绝了某一个组织或个人操控一个慈善公益项目为自己谋求利益。

第二，公开透明的特点。因为区块链上所有的信息都是对全网络公开的，相关人可以对每一笔交易进行查询和追溯。这样我们就可以知道所捐助的每一笔款项的对应接收人是谁、是如何使用的、一共发放了几次、救助效果如何等，可以点对点地查询和追溯相关的责任人。

第三，信息可追溯的特点。将捐赠人和受捐项目直接关联，每笔款项流通都被存储在链上，各方均可进行查看监督，对每一笔捐赠都了如指掌，保证公益项目的公开性和透明性。

第四，区块链智能合约的使用解决了传统慈善公益项目中复杂的流程和暗箱操作等问题。我们只需要把相关的条件和要求设定后，智能合约就可以自动执行了。

比如，我们收到一个贫困儿童求助的请求，系统可以自动生成一个智能合约，智能合约确认请求的真实性后，就能自动给出救助方案。慈善款项的金额、款项的使用步骤以及预期会达到的效果等内容都会在合约中体现。整个合约从收款到执行都可以自动操作，并将执行情况自动给出反馈。整个过程不需要人工干预，并受所有参与当事人的监督，通过智能合约这种全自动的模式确保了项目平稳落地。

在目前具体的应用案例中，比较典型的就是乌干达的儿童救助问题。在乌干达，由于常年受到战争、饥荒和艾滋病等问题的影响，当地的生活条件极其恶劣，乌干达有三分之一以上的人生活在贫困线以下，尤其是儿童，他们是这种恶劣生存环境下的主要受害群体。

币安曾经推出了一套基于区块链技术的解决方案，主要用来解决当地儿童的温饱和教育问题。在这一计划中，捐赠者可以用1个币安币为需要帮助的儿童提供免费的午餐。币安慈善机构与筑梦服务协会达成合作，他们将为贫困地区的儿童选择合适的学校接受教育，并为他们选择可靠的食品供应商。捐赠者的捐款将进入儿童父母或其法定监护人的加密钱包，之后他们将把这些加密货币转给食品供应商，从而为这些孩子换取食物。

通过区块链系统，有效地解决了慈善过程中缺乏透明度和难以问责等问题。基金会每月将从学校收集月度报告，并为捐助者提供项目进展情况的最新信息。所有这些都确保了慈善人士的捐赠真正送到了受助者的手中。

不要小看提供食物这个似乎微不足道的解决方案，如果有了这个捐助，很多非洲儿童将不会被迫放弃他们受教育的机会。从币安的这个儿童慈善计划中，我们可以看到，区块链技术确实可以给慈善行业带来革命性的变化。

未来，在逐渐完善的区块链技术的加持下，或许公益慈善事业不再存在猜疑、纠纷，让需要帮助的人得到帮助，让善良的人不被欺骗。区块链+慈善所产生的良好效应或许是区块链技术送给社会的一份见面礼，未来随着区块链技术的不断成熟，相信它会对人类社会提供更多、更大的助力。

最后说个小插曲，在巴黎圣母院被大火烧毁之后，法国数字经济事务部部长表示，愿意接受使用加密资产的方式募捐并重建巴黎圣母院，你觉得这个想法可行吗？

延伸阅读：

看区块链如何解决慈善业的信任危机

针对公益行业在款项管理、信息记录等方面的诸多痛点，方维区块链推出"区块链+公益慈善"解决方案（见图5-12）。基于不可篡改、可溯源的特性，根植于用户的需求，将捐赠人和受捐项目直接关联，每笔款项流通都被存储在链上，各方均可进行查看监督，保证公益项目的公开性和透明性。

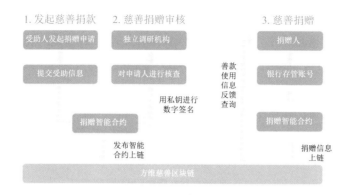

图5-12　方维慈善区块链业务流程图

（图片节选自方维区块链官方资料）

第44讲　如何让"不知知网"的翟博士们
别再成漏网之鱼？

教育作为社会阶层流动的重要通道，其公平性关乎的不仅仅是个人的荣誉，还有社会的公正。本讲的话题就围绕教育展开。

2019年春节期间，拥有博士后学位的娱乐圈当红小生翟天临在直播回答网友提问"你的博士论文能不能在知网上搜到？"时，他却回答："知网是什么东西？"创立于1996年的知网，因为涵盖外文类、工业类、农业类、医药卫生类、经济类和教育类等多种数字、资料、文献等，而成为学术论文的重要参考数据库。知网也是进行论文查询、阅读的最一般工具，就像普通人买车票要上12306一样。因为"不知知网"却又拿到博士学位，这让很多网友对翟天临的博士学位真实性质疑，并由此引发了一场全社会对学术造假的深刻反思。很多人相信，翟博士不会是唯一的漏网之鱼，"不知知网"的翟博士们应该不在少数。

可能是受到翟天临事件的间接影响，2019年毕业的大学生和研究生们渡过了史上最严的毕业季。据说每个人的论文审查都非常严格，无处诉苦的学生们在那个毕业季的夏天，又把翟天临送上了微博的热搜。

近些年来，我国教育事业已经在规模和质量上都取得了突飞猛进的成果，但是在"开放"和"公信"方面还存在一些短板和问题。

教育的开放是全过程的开放，不仅包括教育资源的开放，也包括教育行为记录、教育评价结果的开放。随着现代远程教育的兴起和线上公开课的推广，开放教育形式丰富多样，突破了面授的单一形式，它已经从趋势变为了共识。

但是，现有的教育系统尚未很好地适应这种模式。比如，线下面授以外的学习过程和学习结果，往往不被教育系统和公众认可，从而产生了信任危机；再比如，在传统的高等教育领域，学生的学历信用记录体系不完整、不透明，导致政府或者企业无法获得完整的有效信息，在求职时，又存在学历造假、简历造假等问题，用人单位和相关院校缺乏简单高效的验证手段。

为此，我们急需一种新的机制，保障人们在享受教育开放带来的便利的同时，保障教育应有的公信力，并进一步推动教育走向开放。在此背景下，区块链技术的独特性也逐渐成为教育领域关注的焦点。

2016年10月，工信部颁布《中国区块链技术和应用发展白皮书》，指出"区块链系统的透明化、数据不可篡改等特征，完全适用于学生征信管理、升学就业、学术、资质证明、产学合作等方面，对教育就业的健康发展具有重要的价值"。2018年颁布的《教育信息化2.0行动计划》更是明确指出，要加快面向下一代网络的高校智能学习体系建设，探索区块链、大数据等新技术在学习效果记录、转移、交换、认证等方面的有效方式，形成泛在化、智能化学习体系。

区块链是一种把区块以链的方式组合在一起的数据结构，具有去中心化、按时序记录数据、集体维护、可编程和安全可信等特点，可以为信用背书、信息加密、智能合约等提供极大的便利，这在当前的教育领域具有很大的应用潜力。

首先，通过开发、应用基于区块链技术的学习管理平台，教学资源和信息的管理和控制者将是学习者和教师，而不全部集中在学校。因为基于区块链技术的分布式账本能够安全、灵活地管理分布式教学资源和信息，并能够通过数据分析技术的应用，在实现大规模学习认证的同时，扩大学习者的受教育机会。

例如，阿里云云学院就充分利用互联网及区块链的特点与优势，为学习用户提供云计算、大数据等专业的体系化在线课程与实验环境。进阶式的课程内容、闯关式的节点测试与在线认证相结合，培养兼备理论与实操能力的技术人才。

其次，对那些因工作或其他原因而无法完成传统学校教育的个人学习者来说，通过区块链技术平台，可以把从不同教育机构修来的学分或学习结果绑定、组合在一起，申请认可此学习模式的教育机构的认证，从而获得相应毕业或学位证书。

英国的开放大学（The Open University）正在积极实践这一基于区块链技术的新型学习模式，此外，英国开放大学的"知识与媒体研究中心"已开发出组合"微认证"，或者说徽章的创新技术，以适应基于区块链技术平台的学习和认证。

最后，区块链技术的发展和应用能够帮助更多的人取得学习证明、职业资格证书或学位证书，尤其是不发达国家公民，从而有效提高个人在劳动力市场上的竞争力、促进其职业发展，进而促进创业。美国的知名学府麻省理工学院创建了史上第一个区块链文凭平台BlockCerts，可以为毕业生颁发基于区块链的学位证书，该证书具备不可篡改性和可验证特性。

当然，区块链技术还只是处于起步发展阶段，较之金融领域，教育领域具有更强的独特性和复杂性，以至于区块链技术在教育领域的应用还存在着很多挑战。

一方面，目前国内外在区块链技术应用领域尚未普及标准，而且大多数研究聚焦在金融领域，如果在教育领域推广运行，将面临缺乏政策保护与实践经验两方面的挑战；另一方面，区块链的去中心化特征淡化了教育管理机构的职责，学生数据管理等工作相对弱化，并可能造成学生数据的产权变得模糊，引发教育数据产权的争议；此外，目前区块链系统网络的容量很难承载教师、学生以及教育管理部门产生的庞大的数据量，甚至会降低数据传播效率，影响师生对数据获取实时性的需求。

毋庸置疑的是，区块链目前在教育产业中的应用还只是早期的探索，从功能上也只是局限于降低教育成本、保障学习者不脱离生产实践、解决学历学位造假等征信问题、保护教育信息化资源版权等。

但是，正如区块链在金融应用中不止于虚拟数字货币一样，未来区块链技术或许还能带来教育理念的更新与教育模式的变革，也希望有了区块链的助力，我们能够更好地回归教育的本质。

延伸阅读：

基于区块链技术的互联网+教育新生态

区块链技术有望在互联网+教育（见图5-13）生态的构建上发挥重要作用，其教育应用价值与思路主要体现在六大方面：建立个体学信大数据、打造智能化教育淘宝平台、开发学位证书系统、构建开放教育资源新生态、实现网络学习社区的"自组织"运行及开发去中心化的教育系统。

图5-13　基于区块链技术的互联网+教育

（图片及内容节选自《区块链技术在教育领域的应用模式与现实挑战》）

第45讲　区块链能帮助我们彻底远离毒奶粉、地沟油和瘦肉精吗？

如今，随着生活水平的提高，老百姓对于吃这方面越来越重视了。但是层出不穷的食品安全事件让人很难放心。从"孔雀石绿"事件开始，我们经历过苏丹红鸭蛋、三聚氰胺毒奶粉、地沟油、瘦肉精、塑化剂、镉大米、毒豆芽……一度让人感觉好像没什么吃的是安全的了。

区块链技术的公开透明、不可篡改等特性，可以有效提升食品及消费品数据的安全性。例如，区块链能让购物者追踪商店库存的来源，从而帮助他们买到安全、高质量的产品；零售商和制造商也可以追踪单个产品的信息，如果发现问题产品，可以将其返回到产品的生产厂家，从而防止那些有问题的产品上架。

2017年，雀巢、联合利华、沃尔玛等食品业巨头与IBM合作开发了一种名为Food Trust的区块链系统。这个系统的理念是，基于区块链技术的共识信任等，让系统中的合作伙伴都能使用相同的"记录保存系统"。早在2016年10月，沃尔玛就已经探索使用区块链技术，对进口的猪肉进行信息追踪。比如，你只要扫描沃尔玛商场里的中国猪肉包装上的二维码，就能查询到数字化的、真实的、不可篡改的生产和兽医检疫记录等信息。如果猪肉不合格，还能从各个沃尔玛商场准确无误地把有问题的猪肉进行召回。

传统零售体系中，从生产商到加工商、品牌商，再经仓库、物流到各零售商等，整个过程存在很多信息漏洞。很多环节的信息由纸张记录或者信息不完整，一旦食品出现安全隐患，想要查明问题来源并做出处理决定，都需要长时间的调查取证。

比如2017年的墨西哥，由受污染的木瓜农场所引发的沙门氏菌疫情，让监管部门大费周章去寻找疫情线索，并不得不做出大规模产品召回和大量牲畜宰杀的预防措施。如果借助区块链技术，在生产流通的各个环节都已经将数据上链，就能将调查过程最快缩短至几秒，这样就有可能终止大规模产品召回和大量牲畜宰杀的措施。

2017年6月，京东联合几十个知名品牌商开放了"区块链防伪追溯技术平台"。以生鲜食品为例，用户在京东点击"一键溯源"或直接扫描产品上的溯源码，就可以溯源信息。拿牛肉来说，通过所购买牛肉的唯一溯源码，可以看到所购买牛肉来自哪个养殖场，这头牛的品种、口龄、喂养的饲料、产地检疫证号、加工厂的企业信息、屠宰日期、出厂检测报告信息、仓储的到库时间和温度及抽检报告等，直至最后送达的配送信息也可以一一追溯展示。

区块链利用分布式、时间戳、共识机制等技术手段，可以把农产品溯源的上下游产业纳入整个系统，实现商品流、信息流、物流统一。区块+链式数据结构，把商品流、信息流、物流等数据存储在链上，通过时间戳技术可以追溯每一项数据的来龙去脉，让不法行为无处可逃。图5-14为区块链溯源信息流转示例。

利用区块链技术可以建立食品全生命周期的追溯体系，从生产、流通、消费等环节实现全面监管，监管部门可实时监控全生命周期信息，并实现信息互通互享。

我们再举个土豆生产的例子。整个土豆生产过程的数据将全部上传到分布式账本存储，形成不可篡改账本内容，提供给消费者、采购商查阅。

图5-14　区块链溯源信息流转示例

　　例如，把化肥、农药的采购过程记录在册，从根源上避免重金属超标和农药残留超标的问题；通过大数据分析，建立种植户、采购商的信用评级参考；利用智能合约在种植户和采购商之间保证公平交易。销售过程也把分选加工等信息用分布式账本存储起来，保证完整透明的信息给利益相关方。

　　那么，在此过程中，区块链最大的特长，即分布式账本的优势是如何体现的呢？在实际中经常会发生这样的问题：采购商在采购前会派人给土豆种植户开出一个高价，但是当农民从地里把土豆挖出来后，农民往往就联系不上这个人了，这时采购商再派另一个人，利用土豆在地头不容易存储的因素，大幅压低土豆价格，这样就会造成农民的损失。而采用区块链技术之后，每笔交易都是向所有人公开的，采购商的承诺都记录在链上，不能篡改，农民的权益也就可以得到保障。

　　在2019年的国际农业博览会上，法国总统马克龙倡导使用区块链来创新欧洲农业供应链管理方式。马克龙呼吁欧洲各国团结一致，以应对美国发起的市场竞争，并强调了欧盟共同农业政策在该方面的重要性。马克龙提出了三大战略，以促进欧洲大陆的农业发展。值得一提的是，其中一大策略就是提倡采用区块链技术。马克龙呼吁开发基于区块链技术的工具，以追踪从原料生产、包装和加工的每一种产品。该技术必须在农业领域得到充分运用。区块链可以提高农业生产和分销的透明度，以缓解消费者对产品来源的担忧。

我相信，在不久的未来，基于区块链技术建立起的从田间地头到百姓餐桌的农业生产流通和销售体系，一定会让咱老百姓的餐桌更安全、更放心！

延伸阅读：

天猫国际的商品如何使用区块链做溯源

天猫国际正在全面启动全球溯源计划——将利用区块链技术、药监码技术及大数据跟踪进口商品全链路，汇集生产、运输、通关、报检、第三方检验等信息，给每个跨境进口商品打上"身份证"。

天猫国际建设了一整套的溯源平台系统，来联动供应链侧以共同完成整个溯源流程。整套系统（见图5-15）为三层设计模型。

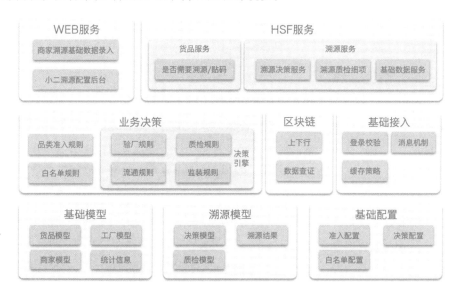

图5-15　基于区块链的天猫国际商品溯源系统

1. 底层为基础的数据模型设计

基础模型包括货品模型、工厂模型、商家模型、统计信息等，通过结构化的数据设计，将基础的底层数据构建起来，提供数据支持，数据来源有商品中心和云梯ODPS统计，部分货品信息来自于商家自行录入。

溯源模型包括决策模型、溯源结果、质检模型等，由于溯源的决策规则及质检规则可能会变化，需要确保溯源模型的可扩展性。

基础配置包括溯源准入配置、决策配置、白名单配置等，如抽检的命中概率可以随时配置以适应不同时期的运营需要。

2. 中间层为业务层

业务决策是这套系统最重要的能力建设，包括几个部分：品类准入规则用来判断哪些货品需要做溯源；白名单用于某些货品或商家特殊情况跳过溯源设置；决策引擎负责判断货品命中四项抽检中的哪几项，如验厂规则要求，以货品维度看，若无验厂报告或验厂报告已过期的，一律必须验厂。

区块链负责数据的上下行及数据查证。

基础接入层主要负责与外部系统之间的信息交互、登录验证、数据上链等。天猫国际平台更像是一个协调者的角色，做完业务决策后，将具体的溯源任务分发给外部质检机构，外部质检机构将结果反馈给天猫国际，天猫国际根据自己的规则再将结果沉淀并反馈给供应链侧，以通知供应链溯源服务已经走完，可以下发ASN。

3. 最上层是交互层

WEB服务包括商品溯源基础信息录入平台及小二溯源配置后台：商家可以通过基础数据录入平台录入货品的基础信息，如条形码、原产地、工厂图片、成分含量图片、工厂认证图片等，供质检使用及最后传达给消费者；小二溯源配置后台负责配置溯源参数，如验厂命中概率、流通命中概率、品质退款率大于多少必须做抽检等，以免每次业务决策改变必须通过发布实现。

HSF服务将外化溯源决策结果给供应链以使供应链判断是否需要溯源或者贴码，通过hsf接口与其他系统交互。

（以上图片及文字内容摘自天猫进出口技术官方材料）

|第6章| 区块链和我有什么关系

第46讲　为什么说区块链行业创业是
用一辈子的信用去下注?

2018年，随着加密数字货币市场行情的火爆，区块链也在最快的时间内成为创业圈炙手可热的领域。然而，很多所谓的"区块链创业者"却利用区块链技术做起了投机的生意，到处"割韭菜"、非法集资、搞庞氏骗局……把区块链包装成高大上的数字货币，然后空手套白狼，拿后入局者的钱补上第一批投资者的利润……类似发生在区块链行业的"创业故事"层出不穷，也让很多人对区块链创业打上了一个大大的问号。

如今，依然有一些所谓的区块链创业项目，并没有打算真正使用区块链去解决具体问题，它们关心的重点不是区块链到底能做什么，而是仅停留在口号和币价上。

硬币资本联合创始人老猫在接受《王峰十问》访谈时提到："对于创业者，没有真刀真枪就别出来丢人现眼了，区块链行业创业是用一生的信用去下注，一切都是用信用来承载的，如果你下注失败，可能后面就没有东山再起的机会了。"

"区块链行业创业是用一辈子的信用去下注"这句话给我留下了很深的印象。

我认为，许多区块链从业者都抱有非常宏大的商业和社会理想，但距离技术成熟及场景应用大规模落地的来临还很遥远。区块链创业已经呈现出与互联网越来越相似的局面，拿产品说话，而不是拿白皮书说话，创业者必须有真刀真枪，不能搞花拳绣腿。

其实，无论哪个行业，创业的基础逻辑都是相通的，特别是"选赛道"这件事情非常关键。我们过去比较强调努力、强调勤奋，但近几年我们会发现，有一个主题不停地出现，就是强调"选择重于努力"。我们常说一句话——"风口上的猪"，这个风口指的就是赛道、机会。

那么，在区块链行业创业之前，应该如何选择自己的赛道？这里可以给大家四个创业方向作为参考。

第一个方向，基础数据业务。

在我看来，区块链技术的本质是分布式的账本，数据是其最重要的基础部分。区块链技术能为人们解决信用基础协议的问题。区块链的去中心化模式，使得原来互不协作的、封闭的、孤军奋战的、非共享化的、非市场化的行业，未来可以变得可协作、共享化和市场化。

比如，以IPFS为代表的去中心存储成了眼下最热的创业方向之一。

分布式存储是一种存储的技术方式，是指把数据分散存储到多个服务器上，我们现在用的大部分互联网服务都是分布式存储的，如一篇微信公众号文章，这篇文章在腾讯的某个服务器机房里的某块硬盘上存储。但是分布式存储是受中心控制的，所以有一些公众号文章发布后可以被删除。而去中心化存储=分布式存储+没有任何中心，去中心化存储和分布式存储最大的区别在于，如果没有私钥，任何人都不可以删除系统中的文件。

但是这类数据业务的区块链创业项目对技术实力和资金水平的要求相对较高，而且需要大量的数据作为业务支撑，适合一般创业者的机会还比较少。

第二个方向，与AI（人工智能）、IOT（物联网）等新型先进技术交叉融合的业务。

区块链可以与其他（如AI、IOT等）新型先进技术共同协作，互相助力，创造更大的价值。

以大数据时代下区块链和人工智能的关系看，从技术演进趋势看，人工智能近年来所取得的技术突破并非一蹴而就，主要得益于互联网时代积累的海量数据；而区块链对数据生产、确认及归属权等进行重构，可能成为未来大数据世界中最有生命力的来源，将为人工智能提供重要的基础数据。

有人设想过这样一个场景：随着人工智能技术的发展，有一天大街上跑的是无人驾驶汽车，空中飞的是无人机，工厂里面是机器人，如果有邪恶势力让无人驾驶汽车作恶会出现怎样的情况？我们需要一个区块链的智能合约，通过这个智能合约，机器仍然可以按照人类的意识进行有序工作，而不是被某个邪恶势力控制去作恶。

在大数据时代，区块链和人工智能将会互相融合，创造更大的价值。所以说，能够有机结合区块链、人工智能及物联网等新型技术的业务，自然是一个很好的创业选择。

第三个方向，区块链能够有效提升业务体验和效率的领域。

首先，这个领域是否有必要形成大规模共识，以确保信息真实性。例如，在金融票据交易中，存在"纸票一票多卖、电票打款背书不同步"的市场风险。区块链技术凭借全网公开的特性和不可篡改的时间戳，能够有效避免欺诈伪造。所以，在票据交易领域，通过形成共识可以有效降低风险事件带来的损失。

其次，去中心化能否带来网络整体效益的显著提高。例如，传统跨境支付包括电汇、国际卡组织（VISA、Master Carcl）等均存在流程烦琐、结算周期长、手续费高、占用资金大等缺点。Ripple利用分布式账本和原生货币XRP（瑞波币），使参与银行能在不同网络之间实时跨国付款。参与银行凭借区块链点对点交易安全透明、不可篡改的特性实现有效协同，扩大了网络效应。

以上两个领域就是区块链大有可为的领域，有效提升了业务体验和组织效率。蚂蚁金服副总裁刘伟光在"POW'ER 2019全球开发者大会"上发表了题为"5G、数据智能、区块链，商业基础设施变革的历史机遇"的演讲。他认为，区块链将带来分布式商业变革，改变原有的产业协作关系。以产能合作为例，到2022年，35%的制造企业将通过实施以区块链为中心的平台创建新的生态系统，从而实现50%的流程自动化。区块链的应用对工业流程效率的提升将会非常显著。

第四个方向，上链难度和成本低于区块链带来价值提升的业务。

区块链解决的重要问题之一，就是数字资产在不同节点的流通一致性和可追溯性。像比特币这样的原生数字资产是直接在链上产生的，然而，现实大多数业态涉及线下实物资产，而实物资产需要大量的数字化工作，上链真实性需要保证，特定场景下甚至需要链上链下时刻同步，这些都成为应用区块链的成本和技术难点。

如果说应用区块链的成本和难度高于其带来的价值提升，这样的业务方向基本可以排除了。

当然，需要提醒的是，区块链技术不是万能解药，不可能被拿来应用到所有商业问题或社会难题上，就像互联网也不能解决一切复杂的商业或社会问题一样。

最后，我想和大家再聊一聊区块链领域的创业大神BM（Daniel Larimer），他应该算是全世界最成功的区块链连续创业者。BM非常不简单，过去短短几年间，他相继创立了比特股（BitShares）、Steemit、EOS三个重磅的区块链项目，虽然很多人批评他有始无终，但从目前市场反馈看，他的几次创业一次比一次受到瞩目。

从这个角度看，仅仅讲"code is law"也许已经过时，依照BM的创业思路，将技术能力、组织模式创新、新社群、杀手级场景应用以及生态体系构建结合起来，才能在未来区块链的发展中找到存在。我的预感是，中国会出现一批类似BM这样的人进入区块链领域，靠产品说话，敢于不断折腾。

火星区块链发起人王峰曾经谈及自己从打工到创业的过程中的最大收获，他说："如果你在这个位置上真正经历过，就会发现，创业是今天和平年代里一项最好的自我修炼，是一次人格上的洗礼和重塑。"

确实，创业就是在学习、修炼中不断完善自我的过程。如果你选择区块链创业，不管未来向左走，还是向右走，希望你能在这条赛道上成长得更快，奔跑得更远。

延伸阅读：

创业者如何处理好创业和自己的关系

我是一个反反复复思考自己为什么要创业的人。我发现很多创业者都挺分裂的，因为一方面要鼓动别人，一方面还得拷问自己，咱们干的事儿对吗？

大部分创业者都是痛苦的。这个痛苦固然可以跟老婆商量，可以跟投资者商量，也可以跟朋友、同学商量，但是到最后会发现，自己跟自己商量才有价值。

外面的意见常常给你带来启发和安慰，可是最后决定你往前晋级而不仅仅是驻足瞭望的，大部分都与你自己的深夜拷问有关系。"起来独自绕阶行""独自莫凭栏，无限江山，别时容易见时难"，正是创业者多少个夜里最真实的自我写照。

我们赶上了改革开放，中国社会稳定，经济繁荣，不断融入全球经济，还赶上了一次空前的变化——互联网，所以机会非常多。可是你看看自己，在激烈的市场竞争中，其实有着前所未有的孤独感。

创业者都有孤独感，孤独感是你最好的朋友。不断跟自己内心对话，能让你第二天变得更加清醒。有时候我也遇到很多困难，我的整个成长史可能比你们想象的困难很多，常常会困惑、绝望、挣扎，总是在问自己为什么要坚持？所以我开始尝试跟自己处理好关系，在深夜对话自己，剖析自己，把自己的问题写在本子上。

创业过程中，个人和个人的对话真的是一个非常美妙的过程。当你得意的时候，跟自己对话一次。我见过太多的人去融资，大多三句话就被问倒了。其实投资人挺难问倒我的，因为大部分投资人问的问题我早就琢磨过了。我自己创业，要面对潜在竞争者的威胁，要面对直接竞争者的威胁，要面对即将进入的竞争者的威胁，要面对上游对我的打击，还要面对销售能力不足的短板，这些我全都清楚。

我认为自己和自己的关系是最重要的关系。你不用担心别人觉得你这不懂、那不懂，重要的是你知道自己的好和不好。因为那就是你内心的东西，最终决定一切的就是你的内心有多么强大，你怎么面对不利的环境往前走。

可是内心怎么强大？是别人骂你，你就厚脸皮吗？其实是内心不断拷问自己，把同自己的对话记在本上，反复自省，再去验证，这才是不断自我完善的过程。过去我总觉得，如果做产品，我能找到最好的技术，自己擅长市场营销，就可以了。最后才发现，能不能带一个队伍直到上市，能不能让一批人始终愿意跟你一起干，很多时候在于你能否不断地在自我盘问中修身。

"所有失败的创业者都是执行力不好。"这是刘强东曾经说过的一句话，我很赞同。如果整体方向上没有大问题，创业其实就是在学习、修炼中不断完善自我的过程。

朋友问我："王峰，你从打工到创业的过程中最大的收获是什么？"我说："如果你在这个位置上真正经历过，你会发现，创业是今天和平年代里一项最好的自我修炼，是一次人格上的洗礼和重塑。"

（以上内容节选自火星区块链发起人王峰在2016新浪创业训练营上的分享实录——《创业者要处理的10大关系》）

第47讲 区块链投资项目让人眼花缭乱，我该怎么选？

很多人在了解区块链行业以后，都向我打听：有关于区块链的投资项目可以参与的吗？听说投资某项目后，一年能赚100倍，这靠谱吗？朋友投资了某区块链项目，结果迎来了大熊市，一下子被套了，还有机会解套吗？

从过去几年来看，如果你很早入场，并在高峰期兑现，单单投资比特币就可以获得了不起的回报。我们似乎很容易看到并且着迷于加密货币价格飙高的曲线，却很少能真实把握其中的真正价值。

可能有些朋友对2018年年初，新东方联合创始人、真格基金创始人徐小平老师在内部微信群关于区块链的讲话还印象很深，他说，区块链是一次伟大的技术革命，并且鼓励投资者冲到区块链的浪潮中去。在徐老师眼中，区块链革命确确实实已经到来。任何一个新技术浪潮到来的时候，都伴随着一定的狂热与泡沫，但到头来最终胜出的，还是那些提供了实实在在技术和产品、创造了能够被人类使用的产品的人和公司。

看看你我的身边，在区块链这个大风口的刺激下，确实有很多人在跃跃欲试，想投资比特币，投资区块链项目，但更多的人只是在门口观望，似乎这一切与自己无关，认为这不是自己能抓住的机会。

不过，仅仅以加密数字货币这个区块链技术的应用场景看，目前的一个比较尴尬的事实是，绝大部分项目真假难辨，项目方对投资者缺乏足够的透明度。甚至，比特币"白皮书"发表十多年了，并没有看见一个比比特币更加伟大的区块链生物诞生。

从笔者过去的实践经验来看，我总结了"两个要远离，两个别错过"的投资口诀，可以供大家参考。当然，投资都有风险，以下内容并不能作为你进行任何投资理财的建议。

第一个远离，要远离那些动不动就要改变世界、但没有具体业务场景的项目。

在历史的长河中，比特币从毫无价值，到1美元，再到暴涨至2万美元一枚。因为与财富的擦肩而过，很多人懊悔不已，也有的人不以为然。但正如我们在第1章里提到的，比特币依靠在交易中产生价值，逐渐形成了全球共识，并借助闪电网络等技术的发展，在日常生活中开始用于普通的消费支付场景。

如今，很多项目希望通过区块链技术与传统互联网思维的结合，最终服务于实体经济。例如，在网易星球的原力中，生活中用网易的产品越多，积分就会越多。同样，出行软件、共享单车、美容院、超市都是应用场景，都可以提供源源不断的消费返利、积分兑换等。

相对而言，那些动不动就高喊着要改变世界，却又没有具体落地应用场景的项目，和空气币没有什么本质不同，没有任何投资价值，一定要远离。

第二个远离，要远离团队不真实或不靠谱的项目。

任何项目都是由团队完成的。尤其在项目初期，投资项目在某种程度上就是在投资人。项目团队需要首先考查团队成员是否真实，在确保团队成员真实有效的基础上，还需要考查团队主要成员的过往经历，团队在知识、年龄、性别方面的结构，团队内在凝聚力和磨合完成度等多个维度的要素。

反观市面上不靠谱的项目，团队成员专业水平参差不齐，过往经历与区块链的关联度微乎其微，创始团队负责人的具体信息更是乏善可陈，甚至还有一些团队成员随便取了个英文名，堂而皇之地摇身一变，成了业界专业人士，实在经不起推敲。连公开自己的信息都不敢，怎么能让投资者放心投资呢？

以上所说的两类项目大多会见光死，所以离得越远越好。接下来的两类"别错过"的项目，需要格外重视，你可以更多靠近它、观察它、思考它，说不定其中就蕴藏着巨大的投资机会。

第一个别错过，别错过有良好通证机制设计的项目。

我们在第2章第17讲提到过通证的概念，不知道你还有没有印象。通证类似于积分，它在不依赖第三方中介的前提下，可以实现权益的确权、分割、流通、定价、交易。区块链项目通证设计的理想是试图将投融资、消费、权益、激励等各种要素统一集中在通证上面，通过通证的设计和流转，构建良好的理想化生态系统。

有人总结过，通证系统有四个方面的表现：首先，通证是项目方融资载体，类似于股票；其次，通证是项目体系内流转流通的一般等价物，可用于项目生态体系内的产品购买或服务消费；再次，通证是项目生态体系内所有业务节点的激励和惩罚工具；最后，通证是业务生态体系内利益分配和调整的工具。

以上说法可能听上去比较专业，但通证设计确实是区块链项目中极其考验项目设计水平和能力的关键环节，也是构成区块链项目商业模式的重要基础。

第二个别错过，别错过有广泛社群组织和活跃社群氛围的项目。

社群本质上是在互联网社区基础上做的进一步的连接：连接人与信息、连接人与人。社群即共识，社群即价值，社群即传播，可以说社群价值是巨大的，而且可能说再大都不为过。

以"火星财经学习社群"为例，目前已有几百个子群，这些社群就是为区块链行业的专业人士提供一个共同讨论、分享行业现状和表达观点、互相切磋的地方，正因为社群中信息相互流通，甚至资源共享，才使得社群拥有价值。

参与区块链项目的社群可以有很多，如投资者社群、研发社群、消费者社群等。在项目不同阶段，各个社群发挥的重点功能也有所不同，研发社群是项目前期的中坚和推动力量，投资者社群对项目能否正常推进起到至关重要的作用，而消费者社群是项目长远持久发展的最重要保证。

提出共识、强化共识、凝聚共识是社群的价值所在。如果共识本身缺少认同，不要说项目的可持续发展，项目是否能够启动可能都要打问号。

上面提到的"两个要远离，两个别错过"口诀，自然不是什么灵丹妙药，只是希望能帮助大家规避一些风险，提供一些思考和启发。

其实说到底，提升自身的认知水平才是对区块链最佳的投资。

认知是人与人之间最基础的差别。有人开玩笑说，人与人之间的差距，比人和狗之间的差别还要大。认知层次的不同就好像是鸡同鸭讲。

想扎根区块链行业的人普遍存在几个基本认知的缺失，如缺失系统地对区块链知识的学习与认知；缺失判断是否是价值项目的根本认知与方法论；缺失投资数字资产的本质逻辑的认知与方法论；缺失对自身认知与行为准则的深度思考与计划；等等。然而，真正的高阶投资玩家，一定是补齐了自己基础认知的缺失后，才逐渐实现了财富的积累。

所以，只有能够融会贯通地对区块链行业的知识有所理解和掌握，再谈投资时才会有不一样的视野。

坚持下去，相信你一定会有新的收获。

最后，我还想强调，虽然区块链技术的应用前景是光明的，但现在区块链行业及加密数字货币市场还存在太多的泡沫，区块链项目的投资风险依然非常大。如何安全、高回报地投资区块链项目，如何合理高效地配置资产，最终拼的还是认知水平和实践能力。

如果你有合适机会，参与到区块链初创公司或项目的投资，真的需要擦亮双眼，不盲目、不盲从，合理规划好自己的区块链投资方向。总之，区块链投资天地广阔，大有可为，愿你早日找到属于自己的一方天地。

延伸阅读：

美图公司董事长蔡文胜谈区块链与互联网的关系

以下节选自2018年5月2日美图公司董事长蔡文胜做客《王峰十问》对话内容：

王峰：在你看来，未来三年，区块链与互联网之间将会是怎样一种关系？勉强融合还是逐渐颠覆？在你未来的投资组合里，区块链和互联网创业项目的比例会是怎样呢？

蔡文胜：我觉得，区块链和互联网会加快融合，可能就不会再分什么是区块链项目，什么是互联网项目了。比如现在的移动互联网跟新零售的结合，像阿里巴巴投了那么多新零售项目，你很难说阿里的业务是线上还是线下。

未来三年，可能每个互联网公司都会有结合区块链的技术；同样，好的区块链项目一定也要结合互联网现有的技术和用户资源，才能真正做大，这是我的理解。

关于我未来投资组合里区块链项目的占比，其实并没有设定一个比例，因为我创立的隆领投资，没有LP，全部都是我个人的资本。我对任何一个投资项目都没有时间的要求，也没有领域的区分，只要我看中了就投。

我在2018中国天使投资人大会上也说过，每个人投资都有不同路数和打法。总结我个人的投资规则就是：一是不按行业规则，二是敢拥抱新的变化，三是服务于更多的人。

第一，不按行业规则。因为规则都没用，社会进步的速度比规则制定的速度快得多。

第二，要能非常快地接受新事物，只要发现新事物，就能快速接受。

第三，投的项目能不能服务更多的人？因为所有东西打交道还是跟人有关，服务足够多的人就是商业模式。在前面十几年，因为我接触更多草根，所以我会偏向投资草根，但是其实在最近几年，不管是从大公司出来的，或者精英，或者草根，我觉得只要团队足够优秀，我都会投资。

第48讲 "谈链爱"的上市公司，哪家含金量更高？

如果你平时炒股，在2018年年初区块链最火热的时候，你一定在A股市场上听说过一个新的股票板块——"区块链概念股"。

当时，有不少上市公司纷纷选择蹭热点，主动为自己贴上区块链的标签。在区块链加持之下，这些公司在市场中大放异彩，股价也因此出现不同程度的上涨。2018年1月9日，就有易见股份、四方精创、新晨科技、飞天诚信、游久游戏、高伟达等10只区块链概念股同时出现涨停。

虽然投资者对于区块链概念股的热情高涨，但市场上依然鱼龙混杂，在各路游资、机构的"煽风点火"之下，有不少上市公司缺乏相应的业绩支撑，却利用区块链概念大肆炒作。深交所在2018年1月就曾集中约谈过17家涉及区块链概念的上市公司，并采取过问询、关注和要求停牌核查等监管措施。

其实，借区块链之名炒作，并不是A股上市公司的特例。2018年年初，美国证券交易委员会公开表示，越来越多的公司将"区块链"一词加入公司名字中，以此来提升股价。

这里，我想和大家讲一个案例，美国的一家饮料公司长岛冰茶，看看它是如何拿区块链炒作的。

2017年12月，纽约饮料制造商长岛冰茶更名为长岛区块链集团（Long Blockchain Corp），将向其上市的纳斯达克交易所申请启用新的股票代码，并已注册了官网新域名。

长岛冰茶当时说，公司还会经营长岛品牌的饮料业务，但只是全资持有的一个分公司，今后公司将着重探索利用区块链技术带来的投资机会。自从更名后，蹭上了区块链的热潮，这家公司股价一飞冲天，公司市值迅速由2380万美元涨到超过1亿美元。

然而好景不长，2018年2月，长岛冰茶从纳斯达克退市，并且因为被怀疑违规增持股票，被美国证券交易委员会（SEC）进行核查传唤。这之后，长岛冰茶便再无音讯，消失得干干净净。

我们一般认为，上市公司业务与区块链有某种联系的股票可以大致归入区块链概念股。那么这些区块链概念股们都在区块链领域做了些什么呢？以A股市场为例，我简单地把它们的区块链业务分为三大类。

第一类，真正具备核心技术并已经有区块链业务运营的上市公司。

比如，有的上市公司已经研发出基于区块链的新型业务运营平台，并且已在银行与保险公司、银行与政府机构、人才服务等领域落地了多个区块链应用；还有的公司注重发挥供应链管理手段在产业链纵向整合中的作用，通过供应链管理平台，把产业链的上下游客户紧密结合起来，提升了客户的竞争力。

第二类，参与区块链技术研究的上市公司。

比如，有的上市公司布局企业级区块链解决方案服务，探索组建自研联盟链，为私募股权市场和企业债券市场打造基于区块链账本技术和智能合约平台，为买卖双方的资产转移开发更快、更安全的系统，减少交易清算时间，以实现更高效和简化的市场。

第三类，只涉及区块链相关投资而且投资金额比较小，或者只是做战略规划。

这一类的公司，其实你翻一翻它的对外公开资料，很容易就能辨别。需要注意的是，如果公司主营业务或者投资的参股公司里根本没有具体的区块链业务，那么这家公司很大概率是纯粹地蹭区块链热点的概念股，你一定要高度警觉，这一类概念股的股价很可能会经历过山车似的震荡。

2019年3月底，国家互联网信息办公室公开发布第一批共197个区块链信息服务机构名称及备案编号，包括百度、金山、腾讯、京东、蚂蚁金服等企业旗下区块链产品都在其中。

据不完全统计，以上近200家区块链信息服务背后的主体公司中，共计有53家上市或挂牌公司出现在其股东名单之中，其中涉及的A股上市公司有41家，如中国平安在区块链领域就涉及非常广泛，有5家分别服务于医疗、金融等不同领域的区块链公司背后都出现了中国平安的影子。另外，顺丰控股旗下顺丰科技、金山软件旗下金山云、安妮股份旗下版全家科技、晨鑫科技旗下竞斗云以及华大基因，都进入首批区块链信息服务机构的名单。

百度旗下的网讯科技有三款区块链产品出现在此次名单中；京东旗下共有3家公司的4个区块链产品在此次名单之中；腾讯分别参股了众安科技和微众银行。

除了布局区块链业务的上市公司值得投资者关注外，以区块链为主营业务的上市公司可能是未来可以重点关注的。这里不得不提两家公司，一家是嘉楠耘智，一家是比特大陆，它们都是不折不扣的矿机销售商。

继2017年加密货币迎来火爆行情后，国内矿机业巨头嘉楠耘智和比特大陆分别于2018年5月和9月申请赴港IPO，然而IPO进程远没有想象中顺利，原因是港交所方面对矿机及矿业都一直抱有犹豫态度，港交所不愿意批准比特币采矿设备制造商的IPO申请，尤其是2018年加密货币的大幅度波动，让港交所对此类矿机商上市更为谨慎。

2019年1月23日，在达沃斯世界经济论坛上，港交所行政总裁李小加回应称，矿机商不符合港交所"上市适应性"的核心原则。有业内人士认为，矿机商的业务利润跟加密货币密切相关，且加密货币市场监管还不明确，也可能被监管机构定性为非法，并进行打压，港交所并不想为此冒这么大的风险。因此，在嘉楠耘智提交招股书后，港交所一直未批准。

嘉楠耘智不得不转战海外，投奔美国市场。终于，2019年11月21日，被誉为"全球区块链第一股"的嘉楠耘智，正式挂牌纳斯达克。这也意味着，嘉楠耘智成为国内三大矿机生产商中第一家正式赴美IPO的"矿机巨头"。

嘉楠耘智是区块链和加密数字货币行业的标杆企业，它的成功上市将起到巨大的示范效应，也必将会使区块链概念股得到更强有力的背书和支持。随着区块链行业的发展，这些公司也一定能够第一批享受到行业的发展红利，成长性自然被看好。

总之，我想说的是，无论是A股、港股还是美股，区块链概念股是个人参与区块链投资的非常好的方向，也是风险相对较小的投资方式。但具体到每一个区块链概念股，区块链只是它的一个标签，它究竟只是停留在概念上、停留在话题和炒作上，还是实实在在地有良好的业绩支撑，这需要你对它有更多了解和深入思考后再做判断。

最后，以股神巴菲特的一句投资箴言作为结尾：如果一个投资者能够把自己的思想与行为同市场上盛行的、具有超级感染力的情绪隔离开来，形成自己良好的商业判断，那么他就必将取得成功。

延伸阅读：

金沙江创投董事总经理朱啸虎谈区块链投资布局

以下节选自2018年3月7日金沙江创投董事总经理朱啸虎做客《王峰十问》的对话内容：

王峰：据我所知，IDG和红杉等大批VC都在布局区块链行业投资，甚至组建了专门投资区块链的项目基金，我想问啸虎，你们是如何规划2018年的投资策略的？比如AI、新零售、泛娱乐谁为中心，真的不考虑区块链？

朱啸虎：就区块链目前状况来看，不要着急。我们判断，这是个伪风口的可能性比较大，但即使是个真风口，也不用着急，都是要经历死亡谷的。

量子链的帅初也在讲，90%的虚拟货币两年以后会归零。我们认为是99%，不管是90%，还是99%，都说明这是巨大的风险，真的想在里面做成事情的，不管是投资还是创业，到死亡谷右侧再进入，我觉得都是更合适的。

之前的互联网也是经历过死亡谷的。亚马逊是1996年成立的，但即使你1996年没有投它，到了2000年互联网泡沫破灭的时候入场，也有很大收益。对创业者也是一样，泡沫之后成立的互联网公司后来也跑出了巨头。

后来的移动互联网也是一样。在智能机出来之前，还有10年的功能机时代，那时候有创业者做功能机时代的微信，做到了几千万用户，现在这些公司都没有了。

任何科技刚刚发展起来的时候都有一个泡沫期，然后很快会有死亡谷，我觉得创业和投资都可以在死亡谷的右侧进入，千万不要着急，被焦虑赶着入场！

王峰：你是风口论主义者吗？

朱啸虎：我不关心风口，我一直关心一件事情：到底解决什么问题，为用户创造什么价值。

第49讲　为什么中国大妈杀入区块链，却屡屡被传销骗子们盯上？

"中国大妈"这个词，相信你一定听说过。大妈们是时髦造富运动最忠实的拥抱者。从2007年的基金、2013年的黄金，到2014年至2015年的股市、P2P理财、虚拟货币、楼市，再到2016年的邮币卡，都少不了中国大妈的热情参与。

特别是2013年，当华尔街的精英们开始做空黄金、金价暴跌时，中国大妈却纷纷挤进了金店，狂撒1000亿元，以千克为单位，像买大白菜一样随意，将市场上的300吨黄金扫荡一空。美国《华尔街日报》甚至给大妈们造了个英文单词："dama"。

然而，近几年，虚拟货币传销开始盯上了中国大妈，不少骗子打着"加密数字货币""区块链"等名义开展传销骗局。这类骗局往往经过精心设计，理解门槛较高，普通投资者很容易上当。

比如，媒体曾经报道过一个叫作大唐币的项目，这个项目在宣传时提到："大唐币持币生息、储量增值、复利倍增（日结），持币量100～499枚，每天生1%，持币量500～999枚，每天生1.5%……持币量达到10 000枚以上，每天生3%。"我们推算下，如果按照此逻辑，投资者若投入3000元，45天后，也就是一个半月后，就能赚22 000元，以此计算，一个半月的收益率竟然可以达到733%！

这么暴利的投资行为，其实是一场不折不扣的骗局。后来根据警方公开信息，大唐币涉及全国31个省、市、自治区，涉案资金高达8600余万元。

有业内资深人士分析，"区块链+诈骗"的传销币能够轻易得手，确实切中了许多"中国大妈"的三种心态。

第一是"着急上车"的财富渴求。

区块链在缺乏实际应用场景的情况下被过度炒作，常常与"暴富"挂钩。犯罪团伙往往利用"中国大妈"们普遍具有的冲动逐利、斤斤计较但又缺乏远见、渴望"暴富"的心理，把区块链吹得天花乱坠，对"中国大妈"的迷惑性很强。

第二是"越高调越可信"的思维陷阱。

据警方披露的案件显示，诈骗传销团伙往往"高调作案"，甚至频频在国内外各大高档酒店举办"推介会"，通过各类自媒体平台将团伙成员包装成区块链专家，高调迷惑受害者。

第三是"赚一把就走"的投机心态。

很多"中国大妈"明明知道是骗局，却仍想在骗局崩盘前"火中取栗"。

聊过了大妈容易上当的心态，再来看看骗子们的具体伎俩。社会任何一种行为都有迹可循，传销币也不例外。即使披上了新技术的外衣，传销币与传统的传销手法也是相差无几的。仔细分析下"中国大妈"们被骗的经历，我们不难发现传销币的几个经典套路。

套路1：项目收益极度夸大。

传销币往往声称有100%甚至更多收益，多用"只涨不跌""稳赚不赔""躺着赚钱""实现财务自由"等撩人的字眼进行宣传。一旦实现骗钱目的，立马进行一次收割。

套路2：宣传口号过度高亢。

古语说，"师出有名"，否则名不正，言不顺。大多数的传销币都会有一个志向远大、群情激昂并能一下子击中人心的口号，如"共建均富社区""改变数字世界""共建美好社区自治"等。

套路3：交易数据不透明。

众所周知，区块链技术的一大特点是去中心化，但传销类币种代码不开源，货币的发行量或转账交易记录大多是无法查询和确认的，大概率采用的是中心化记账的方式，本身极不透明，可以无限发，想要多少就有多少。

套路4：注册国外空壳公司。

由项目负责人在国内或国外注册成立空壳公司或交易所，借着区块链技术的名目自行造币（即发放平台币）。这样的币根本没有任何区块链技术含量，且不具备流通价值。

知道了上面提到的传销币的操作套路，有针对性地找到实操办法，就能很好地避开传销币的雷区。这里把天涯论坛网友"碧鲁夏山"的一套鉴别传销币的口诀——"网、易、会、回、头"分享给大家。

——网，是看网站。

传销币网站讲不清楚区块链在项目中的运作原理，针对项目的介绍寥寥无几，却充斥着洗脑性的文案，什么"投资5000元，年赚400万""只要加入行业，人人都能成功""一台电脑、一根网线，轻松创业""你的命运将由此改变""你还在犹豫什么"……网站还会在显眼的位置呈现充值、购买流程、留下联系方式等，等着"鱼儿"上钩。

此外，这类网站要不没有备案，要不贴的是假信息。而正规的网站，下拉其网页至底部，能够看到工信部备案信息，在"工信部ICP/IP地址/域名信息备案管理系统"中可以查询真伪。

有些区块链项目没有独立官网，也未公布白皮书，切勿轻信这类项目，极大概率涉及传销或"割韭菜"，如俞凌雄发起的"幸孕链"，该项目只在"徒子徒孙"的微信群中传播。

——易，是看交易所。

传销币没有资格在主流加密货币交易所上线。如果某种所谓的"加密货币"只在自建平台或在闻所未闻的杂牌交易平台上线，又或者对接人坚持说"国际大盘"却拿不出支撑性信息，这种项目就很有问题，最好不碰。

——会，看是否交入会费。

新旧传销，万变不离其宗：要想进组织，必须先交入会费，或者通过购买公司商品（变相交会费）才能得到计提报酬和发展下线的资格。

——回，看是否承诺高额回报。

不管是传统传销，还是新型传销，都以高额回报的承诺诱引投资人。传销币组织者往往承诺只涨不跌，躺着就能实现财富自由。

——头，看是否要求拉人头。

除了要求缴纳入会费，传销币组织还会搬出"动态收益"的计算方法，传授几千元短期变几万元，甚至几十万元、几百万元的"秘诀"，鼓励入场者大力发展自己的下线。

对于不幸碰了传销币的朋友，如果认清了传销币的真面目，千万要及时止损，切勿为了眼前蝇头小利输红了双眼，最终沦为骗子们口中的一块肥肉。

我们再把时间回到2018年年初，在澳门举办的一次区块链大会上，一位"中国大妈"盛装参会的照片迅速走红网络。图中大妈身穿旗袍，戴着价值不菲的首饰，在会场的宣传标语前忘我地摆着各种各样的姿势，惊艳了一大堆围观群众，照片被媒体广为传播。

如果抛开传销币的迷局，从长远来看，中国大妈们参加区块链全球峰会可能并不是一个笑料，而是应当被看作区块链回归到寻常百姓家的重要现象。随着越来越多理性、高知、具备独立分析判断能力的中国大妈不断参与到区块链行业当中，她们也会成为未来推动区块链发展的一支不可忽视的力量。

延伸阅读：

现阶段区块链最大的应用竟然是开会？

以下节选自2018年5月10日硬币资本联合创始人老猫做客《王峰十问》的对话内容。

王峰：有人开玩笑说，区块链最大的应用是开会。现在我每天都有很多会议邀请，今天中国，下周新加坡，接下来是迪拜和普吉岛，后面还有柬埔寨和马耳他等。我很感激，但大部分我都拒绝了，确实是有些不堪其扰。在前不久澳门的区块链峰会，有人发照片黑"大妈上墙"，我跟发起人玉红说，这恐怕是最好的一次区块链普及宣传了。纵观整个行业，我有点困惑，我们需要这么高密度地带着一帮人去全球各地开会吗？

老猫：我认为，全球各地的会议是行业泡沫的表现。之前是行业上升期，很多公司和个人赚钱太容易了，根本不在乎那些会议的成本，这才会什么会议都有人去，而一些靠收高额门票盈利的主办方也是看中这一点，找几个大V过来，就可以攒出一个峰会。会议过程不重要，重要的是凑一个局，互相刷个脸熟，以此找到存在感。有些参会者以为刷次数多了，就能把自己刷出大V来了。

2018年，我听说过的各种峰会超过数十场了，谁能告诉我，有哪个会议出了重要的成果？有哪个会议对行业的趋势有重要作用？我们一个小公司开会都会追求一个会议成果，但币圈峰会只追求热闹的感觉，追求参加会议的存在感。其实这个需求和大妈去跳广场舞是一样的，所以在各个会场上见到大妈一点都不意外。这句里面有重点，会议=广场舞。

我对开会本身并不反感，但不会参加任何看不到成果的会议。人民群众需要会议，这个我同意，大妈也需要广场舞，我也同意。

第 50 讲　拿每月收入的 1% 买比特币，
比买养老金更靠谱？

对于任何进入区块链行业的人来说，比特币的话题似乎是绕不过去的。有人甚至说今天的数字货币市场上，最大的应用就是比特币，比特币就是数字黄金的概念更是被越来越多的人所认同。

在2018年年初，CSDN创始人蒋涛做客《王峰十问》在线访谈，王峰问道："你打算对一位没有任何技术背景的人如何解释比特币？"蒋涛说："在区块链上，未来会形成一个数字资产的世界，它们在区块链上的锚定价值就是数字黄金，也就是比特币。就像全球经济中的货币是由美元来背书的，数字货币经济的基础本位币就是比特币。对非技术人员来说，告诉他，要配置数字资产，就像要买房升值一样，否则未来在加密货币经济体里他就是穷人或者零资产。"

当时蒋涛还给我们提供了一个思路：最好的方法是把每月收入的1%拿来买比特币，比买养老金更靠谱。拿比特币和养老金作对比，这个观点让很多人眼前一亮。

我们在第1章曾经讲过一个真实的案例，就是很多委内瑞拉人开始放弃本国法币，越来越多地购买比特币。对于委内瑞拉这样法币大量滥发导致贬值的国家，资产避险和价值存储可能就是比特币最大的应用了。

比特币省去了人们对政府和银行的需要，并让生活在乱世之中的人能把控制权掌握在自己手中。不夸张地说，比特币在人类历史上第一次用技术手段保证了私有财产神圣不可侵犯。而且，走到世界任何一个地方，比特币都可以随身携带，随时使用。

如今，全球有数十亿人依靠养老金来维持退休生活，但是各国的养老金计划却并没有想象中那么美好。斯坦福大学胡佛研究所2017年发布研究报告称，美国养老金体系的赤字已经上升至3.85万亿美元。乔舒亚·劳教授甚至认为，养老金赤字将成为下一场金融危机的导火索。事实上，美国的"汽车之城"底特律早就被养老金"拖垮"而破产，美国的海外属地波多黎各目前也因为高达1230亿美元的债务而启动了破产程序。城市破产后，养老金由谁来承担呢？

例如，早在2015年，东北三省就已经出现城镇职工养老保险金当期收不抵支的现象。黑龙江省赤字183亿元，辽宁省、吉林省分别是105亿元和41亿元。要知道，当年黑龙江全年财政收入才1165亿元，只养老金亏损就占了财政收入的15.7%。养老金的紧张程度可想而知。

从全国范围来说，2014年我国城镇职工基本养老保险亏空1321亿元，2015年放大为2797亿元，2016年直接攀升至5086亿元，而2017年突破了7000亿元。

有人算过一笔账，如果没有财政补贴，我们的养老金可以支撑多久？按2017年养老金累计结存4.4万亿元计算，以年均亏损7000亿元的速度，答案是6年。也就是说，最晚2023年，我们的养老金将消耗殆尽。

总的来说，这场全球范围的养老金亏空，主要是由劳动力与退休人员的比率推动的，而较低的出生率和"婴儿潮"一代人的老龄化，更是进一步导致了养老基金的费用增加。

就目前而言，个人养老金问题有很多解决方案，如增加劳动者的养老金缴款或增加资金回报收益。但通过本讲，你可能会接受这样的观点：比特币似乎比养老金更靠谱些。

很多分析师认为，在过去的10年，比特币一直是表现最佳的资产。它的价值从0.003美元增加到今天的上万美元。它在过去10年、过去5年和过去两年中，击败了标准普尔500指数。而且随着需求的持续增长，比特币收益率可能会在未来继续超越传统资产。

在我看来，把比特币作为养老金来看待，其实只是比特币作为个人及家庭数字资产配置的一种途径。

前不久，我读到过凯捷咨询公司发布的《2018年世界财富报告》。这份报告首次加入了全球高净值人群对数字资产态度的调查。结果显示：近三成的高净值人群对购买和持有数字货币表现出非常浓厚的兴趣；超过两成的人认为数字货币可成为财富保值的新选择；超过七成的年轻高净值人群非常关注从财富管理公司那里获取的数字货币信息。

这里简单介绍下量化管理。量化交易是指借助现代统计学和数学的方法，利用计算机技术来进行交易的投资方式。过去的股票市场都是靠交易员手动敲键盘来操作的，难免"一失手成千古恨"，这种行为被戏称为"胖手指"，相比之下，量化交易则如同点石成金的"仙人指"。量化里最美的童话就是"旱涝保收"，牛市也好，熊市也罢，都不影响收益。

在国外的期货交易市场，程序化渐渐地成为主流。简单看一组数字，国内量化投资在整个数字货币市场估算只有5%～10%的占比，而在华尔街的传统投资市场里，量化投资则占据高达70%的交易量。

在我看来，量化投资相比传统投资的最大优势，可能就是量化投资极大地减少了投资者情绪波动的影响，有效避免了投资者在市场极度狂热或悲观的情况下做出非理性的投资决策。毕竟，恐惧与贪婪是人性中无法克服的弱点，依靠自身的修炼无法做到，只能通过机器交易来完成。

总之，无论是比特币投资还是量化投资，无论是熊市还是牛市，我们都坚定地长期看好数字资产管理市场的发展。未来3～5年，数字资产市场还有10倍的成长空间，随着市场规模的进一步扩大，将会出现更多的专业投资者，他们对专业的资产管理软件的需求将会更强烈，所投资行业的发展也将会随数字资产市场一起成长。

年轻人拥有数字资产是件很酷的事情。

数字资产的新世界，欢迎你来！

延伸阅读：

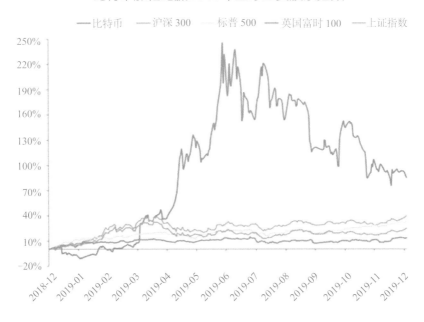

图6-1　2019年度全球主要股指及比特币价格走势图

（摘自通证通研究院2020年1月编制的《2019年全球大类资产回顾》）

|参考文献|

[1] Satoshi Nakamoto. Bitcoin：a peer-to-peer electronic cash system[EB/OL]. [2020-10-25]. http://www.doc88.com/p-0773847934725.html.

[2] Buterin V. A next-generation smart contract and decentralized application platform [EB/OL]. [2020-10-25]. https://www.zybuluo.com/Gebitang/note/1039458.

[3] 凌清. 比特币的技术：原理与经济学分析[D/OL]. 上海：复旦大学，2014 [2020-10-25]. https://cdmd.cnki.com.cn/Article/CDMD-10246-1015412451. htm.

[4] 贾丽平. 比特币的理论、实践与影响[J]. 国际金融研究，2016（12）:14-16.

[5] 满币研究院. 比特币与腾讯Q币性质一样吗[EB/OL].（2019-11-05）[2020-10-25].https://blog.csdn.net/CHAOBIFAFAJIE/article/details/102914578.

[6] 网易科技. 在恶性通胀的委内瑞拉，比特币如何成"硬通货"[EB/OL].（2018-03-26）[2020-10-25]. https://tech.163.com/18/0326/07/DDQAQ9U4000998GP.html.

[7] 德雷舍. 区块链基础知识25讲[M]. 马丹，王扶桑，张初阳，译. 北京：人民邮电出版社，2018.

[8] 方军. 区块链超入门[M]. 北京：机械工业出版社，2019.

[9] 里吉门纳姆，等. 区块链蓝图：区块链的六大应用场景[M]. 李玮，译. 天津：天津科学技术出版社，2020.

[10] 王峰. 尖峰对话区块链[M]. 北京：中信出版集团，2019.

[11] 罗金海. 人人都懂区块链 [M]. 北京：北京大学出版社，2018.

[12] 蒋勇，文延，嘉文. 白话区块链[M]. 北京：机械工业出版社，2017.

[13] 贝尔."矿霸"决斗？浅析吴忌寒与澳本聪掀起的BCH算力大战[EB/OL].（2018-11-15）[2020-10-25]. https://www.sohu.com/a/275413686_100226887.

[14] 纳拉亚南，贝努，等. 区块链技术驱动金融：数字货币与智能合约技

术[M]. 林华，王勇，帅初，等译. 北京：中信出版集团，2016.

[15] 深圳前海瀚德互联网金融研究院. 区块链金融[M]. 北京：中信出版集团，2016.

[16] 赵增奎，宋俊典，庞引明，等. 区块链：重塑新金融[M]. 北京：清华大学出版社，2017.

[17] 唐塔普斯科特，塔普斯科特. 区块链革命：比特币底层技术如何改变货币、商业和世界[M]. 凯尔，孙铭，周沁园，译. 北京：中信出版集团，2016.

[18] 王阳雯. FinTech+：金融科技的创新、创业与案例[M]. 北京：经济管理出版社，2018.

[19] 邹传伟. 区块链与金融基础设施——兼论Libra项目的风险与监管[J]. 金融监管研究，2019（91）：18-22.

[20] 王哲. Libra的技术体系和影响研究[J]. 中国计算机报，2019，8（5）：15.

[21] 京东数字科技研究院. 数字金融：数字科技创造金融服务新价值[M]. 北京：中信出版集团，2019.

[22] 黄益平，黄卓. 中国的数字金融发展：现在与未来[J]. 北京大学经济学（季刊），2018，17（4）：1490-1495.

[23] 贝斯特. 数字化金融：人工智能、区块链、云计算、大数据与数字文化[M]. 王勇，等译. 北京：人民邮电出版社，2019.

[24] 刘洋. 区块链金融：技术变革重塑金融未来[M]. 北京：北京大学出版社，2019.

[25] 巴曙松. 区块链新时代：赋能金融场景[M]. 北京：科学出版社，2019.

[26] 长铗，韩锋，杨涛. 区块链：从数字货币到信用社会[M]. 北京：中信出版社，2016.

[27] 赵刚. 数字化信任——区块链的本质与应用[M]. 北京：电子工业出版社，2020.

[28] 杨燕青，周徐. 金融基础设施、科技创新与政策响应——周小川有关讲座汇编[M]. 北京：中国金融出版社，2019.

[29] 西南财经大学互联网金融研究中心. 中国数字金融发展报告[R]. 2018：1-5.

[30] 法伊基什彼得. 鼓励金融科技创新的监管工具：国际实践中的创新中心与监管沙盒[J]. 金融与经济评论，2019，18（2）：51-72.

[31] 段伟常. 区块链供应链金融[M]. 北京：电子工业出版社，2018.

[32] 贺海武，等. 基于区块链的智能合约技术与应用综述[J]. 计算机研究与发展，2018，55（11）：2452-2458.